コトラーに学ぶ
公務員のための
マーケティング
教科書

MARKETING
BASIC
THEORY

淡路 富男 著

同友館

マーケティングを学ぶ意義と本書のねらいと内容

1. 公務員と行政組織の成果不足とマーケティング

◆成果を出せない行政組織

　通常4年に一度の首長選挙で，行政業務を担う組織の責任者となる首長が選ばれます。選ばれた首長は，掲げた公約を職員と共に全力で遂行します。地方と日本全体の暮らしは年々よくなり，幸せに満ちた社会の実現が期待できます。

　ところが日本の各地では，それとは違った光景が出現しています。多くの地域が人口減，所得減，困窮増に見舞われています。民間機関の研究では，2040年には896の自治体が再生不能になると報告されています。地方と国家経営を担当する首長・職員は，その熱意と努力にもかかわらず，住民・国民が期待する成果を実現できていません。存在が問われる事態に遭遇しています。

◆二人の巨匠の指摘

　ところが闇夜の灯火のように，この事態を予測し，その手立てを準備していた二人の巨匠がいます。その巨匠の一人が，「マネジメントの父」であるドラッカーです。ドラッカーは，人は不完全，危機は必ずくるとし，それに対処できる組織をつくる方法論として1954年に「マネジメント」を発明します。その中で，成果に直接関与するのがマーケティングであるとし，組織とそこで働く人たちに，マネジメントとマーケティングの修得を勧めました。

　もう一人の巨匠が，「マーケティングの父」であるコトラーです。コトラーは，1975年に「非営利組織のマーケティング戦略」を刊行した際に，「非営利組織ではマーケティングは話題にもなっていない。マーケティングはあらゆる組織に必要なものであるだけに，非営利組織にも早く導入されなければならない」[1]とマーケティングの導入を勧めました。

　しかしドラッカーとコトラーの先見に満ちた助言にもかかわらず，行政組織はマーケティングを，企業の利益獲得の手法と曲解し軽視してきました。結

果，行政組織は住民ニーズから離れ，「地方と日本の再生」が20年以上も国家の最大政策課題になるほどの，混迷と成果不足を続けることになりました。

2. 読者（公務員）のニーズと本書のコンセプト

　近い将来の破綻をつきつけられている行政組織にとって，成果に直接的に関係するマーケティングの活用は，まったなしの課題です。首長と職員すべてが，マーケティングの考え方と体系を習得し，その実践を通じた成果の産出で，社会の安定と発展への貢献が求められています。

◆読者（公務員）のニーズ

　マーケティングの習得は，行政も含めた非営利組織と企業のマーケティングを確立した，コトラーのマーケティングを学習することになります。ただ，コトラーの著書は数が多く，そこから公務員向けの基本的な書籍を選択したとしても下記の読破が必要になります。
　・『マーケティング・マネジメント』は967ページ
　・『非営利組織のマーケティング戦略』は798ページ
　・『ソーシャル・マーケティング』は458ページ
　・『コトラーソーシャル・マーケティング』は457ページ

各著書とも分厚く，内容の理解には相当の根気を必要とします。これが下記のニーズをもちながら，マーケティング学習を未消化にしてしまう要因です。
　①公務員に必要なマーケティングの基本を理解したい。
　②福祉や地域振興の政策策定にマーケティングを適用して実践したい。
　③部署のマーケティング目標・方針とマーケティング戦略を策定したい。

◆コンセプト「1冊で公務員の役に立つマーケティングの基本を学習できる」

　そこで，これらのマーケティング学習に関する状況を踏まえて，姉妹書である前著『ドラッカーに学ぶ公務員のためのマネジメント教科書』と同じよう

に,「1冊で公務員の業務に役立つマーケティングの基本を学習できる」をコンセプトにした本書を企画しました。

　内容は,公務員が現場での業務や政策担当者として,各職場の責任者としてマーケティングを活用するに必要な基本的な事項を,コトラーのマーケティング体系から選び抜き,それを公務員の現実の仕事に則して編集し,解説を加えました。全体のストーリーは,これまでの行政コンサルティングでの複数のケースを織り交ぜて,M市のマーケティング導入の成功内容としました。あなたのマーケティングの理解と実践の一助になればと思います。

◆各章の読み方

　全体を5章と終章で構成しました。各章のはじめには,これまでのコンサルティングや研修で経験した庁内での議論や光景を,市長と職員6人の対話形式による「M市のマーケティング改革」として掲載しました。これは,マーケティング導入の成果を詳説した終章につながります。行政現場でのマーケティング活用の実践ポイントとして参考にして下さい。

各章のねらいは下記のようになります。

【1章 必要編のねらい】：公務員や行政組織にとってのマーケティングによる成果と必要性を理解する。

　社会の停滞状況が続き,人口減等から住民生活の現在と未来に不安が漂っています。この原因の一つに,公務員と行政組織の,社会に成果をもたらすマーケティングへの無関心があります。マーケティングは既に「価値主導の時代」であるマーケティング3.0に突入しています。この章で公務員と行政組織にとってのマーケティングの必要性,意義,適用対象について理解します。

【2章 概要編のねらい】：公務員と行政組織が現場で活用するマーケティングの定義と体系を理解する。

地域の安定と発展に貢献する行政マーケティングに関する基本事項と体系を学習し，次にそれを政策と組織に適用する概要を理解します。

【3章 分析編のねらい】：分析の方法と戦略的仮説の構築方法を学習する。

内外の環境分析から「機会と脅威」「強みと弱み」を把握し，SWOT分析を通じて課題を抽出します。課題についての仮説を検討し，その内容を構想案として策定し，評価を通じて取り組むべき政策課題を決定します。

【4章 策定編のねらい】：戦略的な視点と政策・公共サービスの価値を決めるコンセプトの策定方法を学習する。

コトラー・マーケティングの柱の一つにSTP-Cプロセスがあります。この適用により政策形成が住民起点で独自な内容になります。特に政策・公共サービスのコンセプトは価値向上に貢献します。

【5章 展開編のねらい】：政策・公共サービスのコンセプトを具体化する方法を学習する。

政策・公共サービスのコンセプトは，住民価値，住民コスト，住民協働，住民対話といった個別戦略で具体化します。これで住民の課題を解決する政策や公共サービスへのマーケティング適用が完了します。

この章の最後に「行政マーケティング計画策定マニュアル」を掲載しました。本書の内容とこのマニュアルを併用することで，マーケティングを活用した総合計画の策定や政策形成，予算要求書の作成が可能になります。

【終章 事例編のねらい】：M市におけるマーケティング導入の成果と成功要因を確認する。

成功要因とは特別のことではなく普遍性のあることです。普通の職員と行政組織が，マーケティングの「基本と原則」を，政策と組織に適用して成果を手にすることです。特別すぎる成功は他の人には不可能を意味します。普通の職員と行政組織の成功が，地方と日本の創生を担うことになります。M市の事例でこれを確認します。

3. YouTubeも活用した継続的学習に向けた工夫

　公務員の方がよりスムーズに，マーケティングの理解や学習，職場での実践ができるように，以下の工夫を行いました。

【すべて行政向けに】コトラーのマーケティング体系や文意を前提として，その内容を行政組織での使われ方にあわせて調整しました。

【政策を策定できる】担当者が政策や施策・事業を策定できる，責任者が所管部署のマーケティング戦略を設定できるように，必要なマーケティング手順を明記し，そこで使用するシートと記入例を掲載しました。

【マニュアルと文例付き】5章の最後に，政策・施策・事業策定のための「行政マーケティング計画策定マニュアル」を文例付きで記載しました。本書とこのマニュアルを活用することで，誰もが社会に貢献できる政策・施策・事業を策定することができます。

【YouTubeの動画付き】本書の概要や重要部分は，YouTubeやFacebookにも掲載してあります。下記にアクセスしてご活用下さい。

　https://www.youtube.com/channel/UCKmN1mLRCoPAuSx7tnNgoVA
　https://www.facebook.com/コトラー行政研究室-284336248425931/

　コトラーが強調するように，マーケティングは，住民ニーズに対応する行政組織に働く首長も含めた職員すべてに必要なものです。マーケティングを理解した職員の多い組織が，地方と国の再生と創生に貢献することができます。

　またドラッカーが指摘するように，マーケティングはマネジメントの重要な実践機能です。よってマネジメントの素養があると，マーケティングの実践力がさらに高まります。これに関しては本書の姉妹書である『ドラッカーに学ぶ公務員のためのマネジメント教科書（同友館）』をご活用下さい。

　あなたはマネジメントで自ら最上の能力を引き出し，マーケティングで住民ニーズに対応できる政策・公共サービスを提案することができます。そこに地域の未来とあなたの役割があります。

4. 各章の目次

1章　マーケティング必要編

マーケティングの成果と必要性

M市のマーケティング改革　**(1) 創生模索**　　2

1	【成果】マーケティングは公務員と行政組織に社会に貢献できる成果をもたらします	14
2	【必要】公務員と行政組織には行政に適したマーケティングが必要です	18
3	【政策】政策形成に住民創造のマーケティングを適用します	22
4	【達人】コトラーのマーケティング対象は企業，非営利組織，行政です	26

2章　マーケティング概要編

行政マーケティングの定義と体系

M市のマーケティング改革　**(2) 基礎構築**　　32

1	【定義】企業のマーケティング定義を先に理解します	36
2	【定義】行政マーケティングの定義と特徴を理解します	40
3	【位置】住民の本音に接触できるのはマーケティングだけです	44
4	【志向】これが住民に高く評価される公務員の日々の業務姿勢です	46
5	【体系】マーケティング体系の内容は分析仮説→基本戦略→MM戦略です	50
6	【適用】総合計画，基本計画にマーケティング体系を適用します	54
7	【適用】首長，部長，課長，担当者すべてがマーケティング体系を必要とします	58
8	【組織】組織を編成してPDCAで実施・評価・改善します	68

3章　マーケティング分析編

行政マーケティング分析と政策課題の決定

M市のマーケティング改革　**(3) 課題把握**　　72

1	【住民】法令に準拠した政策は手段，最優先すべきは住民ニーズの実現です	78

2	【外部】	マーケティング外部環境分析で機会と脅威を把握します　*82*
3	【内部】	マーケティング内部環境分析で強みと弱みを把握します　*92*
4	【課題】	SWOT分析で政策課題候補を抽出します　*100*
5	【仮説】	戦略的仮説の構築で着手する政策課題を決定します　*106*

4章　マーケティング策定編
行政マーケティング基本戦略の策定と政策・公共サービスのコンセプトの創造

M市のマーケティング改革　**(4) 住民創造**　　*112*

D	業務・政策領域（Domain）を設定します　*114*
G	行政マーケティング目標と方針（Goal）を設定します　*116*
3S	行政マーケティング戦略（Strategy）を策定します　*120*
S	対象住民を細分化（Segmentation）します　*128*
T	対象住民を選定（Targeting）します　*132*
P	ポジショニング（Positioning）で独自性・優位性を明確にします　*138*
C	政策・公共サービスのコンセプト（Concept）を創造します　*144*

5章　マーケティング展開編
行政マーケティング・ミックス戦略の策定

M市のマーケティング改革　**(5) 創造展開**　　*158*

1　住民価値戦略の策定 MM-Customer　*164*
　Ⅰ．住民価値戦略の基礎　*164*
　Ⅱ．住民価値戦略の策定　*172*

2　住民コスト戦略の策定 MM-Cost　*182*
　Ⅰ．住民コスト戦略の基礎　*182*
　Ⅱ．住民コスト戦略の策定　*186*

3　住民協働戦略の策定 MM-Collaboration　*194*
　Ⅰ．住民協働戦略の基礎　*194*
　Ⅱ．住民協働戦略の策定　*198*

4 住民対話戦略の策定　MM-Communication　208
  Ⅰ. 住民対話コミュニケーション戦略の基礎　208
  Ⅱ. 住民対話コミュニケーション戦略の策定　212

本書学習内容に基づいた行政マーケティング計画策定マニュアル

1. 行政におけるコトラーのマーケティング計画書　220
2. 行政のマーケティング計画書の概要　221
3. 政策・公共サービスに関するマーケティング計画書の策定ステップと内容　222
   Ⅰ 「前文」の策定方法と文例　222
   Ⅱ 「内外の環境」の策定方法と文例　223
   Ⅲ 「目的・目標・方針と行政マーケティング戦略」の策定方法と文例　224
   Ⅳ 「STP-C」の策定方法と文例　225
   Ⅴ 「行政マーケティング・ミックス戦略（4C）」の策定方法と文例　227
   Ⅵ 「行政マーケティング戦略の実施計画」の策定方法　229
   Ⅶ 資料について（省略）　229
4. 行政マーケティング研修の紹介　230

終章　マーケティング事例編

選ばれる街への道
M市の改革　難題を抱えていた行政のマイナスからの躍進　232

1. 行政経営（マネジメント）改革からマーケティング改革へ　232
2. 無名で借金の多いマイナスからの地方創生　233
3. M市の行政マーケティング戦略の進め方　235
4. M市の行政マーケティング戦略の内容　236
5. まとめ：M市改革成功の方法論とは　239

あとがき　241

※上記以外の体系の略語／ E：Existence, P：Purpose, 2F：Function, R：Research, MM：Marketing Mix, D：Do, CA：Check Action

1章 マーケティング必要編

マーケティングの成果と必要性

環境と子供に優しく平和で活力のある街

働けます
産み育てられます
学べます
共に生活します
健やかです
楽しめます
自然があります
清潔な街並みです
快適に住めます

M市のマーケティング改革 （1）創生模索

1. 自滅寸前のM市の躍進は，行政経営改革を実施し行政マーケティングを実践したことにありました

◆成果不足の普通の自治体

市民の佐藤さん：私が住むM市は人口減と財政破綻が間近な自治体でした

　私が住むM市は，「住んでみたい都市」として上位にランクされ，「先進自治体」としても話題になります。庁内各部の市民対応に関する市民評価は向上し，一階の総合受付には，他の行政だけではなく，民間企業の窓口担当者も見学にきます。政策は，地域の特徴や市民ニーズを反映したきめ細かい内容になり，地域振興策も地域の特質を活かした「選択と集中を前提とした独自な政策」と評価されています。

　市民の定住意向は上昇し，出生数と転入数の増加から，減少を続けてきた人口も上向きに転じています。総合的な成果を示す市民満足度は高い水準を維持しています。他自治体からは，市民志向の経営力，戦略力，政策力のある自治体として，一目置かれるようになりました。これは市民としても嬉しいことで，誇りがもてることです。

　しかしM市は，数年前までは，成果不足の自治体と言われ，先の都市ランキング調査とは無縁で無名の自治体でした。他自治体以上に少子高齢化と財政難の影響が大きく，このままでは行政サービスの削減と地域困窮が深刻になり，市民生活に支障が生じるとも言われていました。

　市のホームページの「市民の声」には，閑散な地元商店街を何とかして，窓口での行政サービスが低下している，働いていない職員がいるといった書き込みも投稿される行政でした。

1章 マーケティング必要編 マーケティングの成果と必要性

◆現職落選
市民の鈴木さん：3期目をめざした現職は落選し新市長さんが誕生しました
　変化が始まったのは6年前の市長選挙からです。選挙では「低迷する市の再生」が争点になりました。3期目をめざす現職も含めた各候補者すべてが、「市の再生と創生」「市政改革」「財政再建」を掲げた選挙戦になりました。現職有利と見られていた選挙戦は中盤から接戦になり、開票結果は現職落選、新市長の誕生になりました。

　新市長さんは、選挙戦での「成果不足の市役所」への市民の厳しい反応から、議会で「現在程度の政策力とコスト軽視の市政体質では、市役所は市民からの支持を失い、若い世代を中心に他地域への転出が激増する」と演述します。そこから市役所を、市民の活力を喚起できる真摯な姿勢と経営能力を保有し、常に市民目線で業務に挑む組織体に改革する道を選択します。

　それは市役所の行政経営（マネジメント）改革とその後に続いた行政マーケティングの導入でした。改革の意図と詳細は市長さんに語ってもらいます。

◆成功する経営（マネジメント）改革の内容
市長：改革定石／先に市役所の経営改革を実施しました
　最初に市役所の経営改革を行いました。行政改革推進委員会の助言を参考にしながら、それまでの自己改革を避ける形式的な行政改革のやり方を刷新し、改革内容、改革方法についての方針を、下記のように設定し実行しました。
　【改革内容に関する方針】
　①行政経営改革を流行の手法の導入ではなく「経営の仕組構築」とする。
　②行政経営の仕組み構築は、他からの借り物ではなく「自ら構築」する。
　③行政経営の仕組構築と並行して、首長も含めた職員全員が「経営に関する知識とノウハウを習得」する。
　【改革方法に関する方針】
　①部分的な小手先改革ではなく「組織全体」を対象とする。
　②改革は職員の「全員参画」を徹底する。

③十分に準備して「迅速」に行う。

　改革は全庁の経営の仕組みの構築から始めました。全庁経営改革を先に取り組むことで，リーダー（首長）としての自己改革姿勢を明確にしました。また「表面的で形式的な改革は厳禁」とする行政改革推進委員会からの指摘に従い，経営に関する基本的な考え方や諸原則の学習を徹底しました。首長の私も含めた全員参画で経営の仕組みを自ら構築することで，経営の知識とノウハウの蓄積を試みました。

◆経営課題とマーケティングの関連
市長：経営課題の解決にはマーケティングが必要でした
　全庁改革は，経営企画部が策定した，よく練られ準備された改革計画のもとで迅速に進めました。そこから抽出された全庁改革の課題の中に，下記の4つの課題がありました。この課題の解決には，マネジメント力の向上と併せて，マーケティングの発想と知識，行動が必要でした。
① 【使命課題】：市民起点の地域ビジョンと行政の使命の明示
　　人口減少の是正には，現在と将来の市民が「住み続ける」「住んでみたくなる」期待感が持てる地域ビジョンと行政組織の使命の明示が必要。
　　→我々は市民の幸せを実現できる地域像と使命を構想できるか。
② 【市民課題】：市民ニーズの把握と対話の促進
　　市役所の考え方，地域の特性や強み，政策・公共サービスの内容などを現在と将来の市民に発信し，真摯な対話を通じて市民のニーズを把握する。
　　→我々は市民と対話が可能で真のニーズを把握できるか。
③ 【政策課題】：協働による市民志向の政策・公共サービスの共創的開発
　　市民は主権者であり価値の共創者である。内部志向（プロダクト・アウト）の政策の立案から市民起点（マーケット・イン）の共創で，独自性のある政策を立案する方法の確立が必要。
　　→我々の政策形成プロセスは，市民との共創（Co-Creation）から独自性のある政策の企画と提案ができるマーケティング力があるのか。

④【人材課題】：市民の多様な要求に応えられる職員の育成
　経営能力の強化と市民目線のマーケティング体質の醸成を行う。
　→我々は成果志向の経営力と市民起点のマーケティング能力のある職員の育成ができるか。

◆マーケティングの全面活用
市長：マーケティングを業務姿勢，総合計画，予算編成，政策形成，人材育成に適用しました

　私は，経営改革の経験から，政策・公共サービスが本当に市民生活の向上に役立つには，政策を担う職員すべてが，市民の皆さんの本音に真摯に耳を傾け，市民との協働（Co-work）による共助（Co-aid）と共創（Co-creation）を実践しながら，真に必要なものだけを予算化し提案できるマーケティング能力が不可欠と考えていました。

　タイミングよく行政改革推進委員会から，「行政経営改革の成果をさらに具体的なものにするには，経営の実践機能であるマーケティングの改革を行うことが必要」「職員すべてに論理的思考・戦略的思考・経営的思考の習得が重要」との答申をいただきました。答申書には，その具現化に必要な「当市向けのマーケティング体系」が明記されていました（次ページの図参照）。

　私は「副題：市民生活の変化に対応できない市のマーケティング体制」と記された答申内容と体系をみて，市民生活向上と人口減の是正には，経営改革と並行して，常に市民最優先の考えを求める社会的，共創的なマーケティングの導入が必要と判断しました。

　課題は私も含めて職員と現場がそれを理解し活用できるかでした。そこで，総合企画部には，総合計画や他の諸計画の策定と毎年の予算編成時の職員の政策形成に，総務部には，日常の業務姿勢と市民志向の人材育成に，答申内容と提案された体系に則したマーケティングの活用が可能かについて，検討してもらうことにしました。

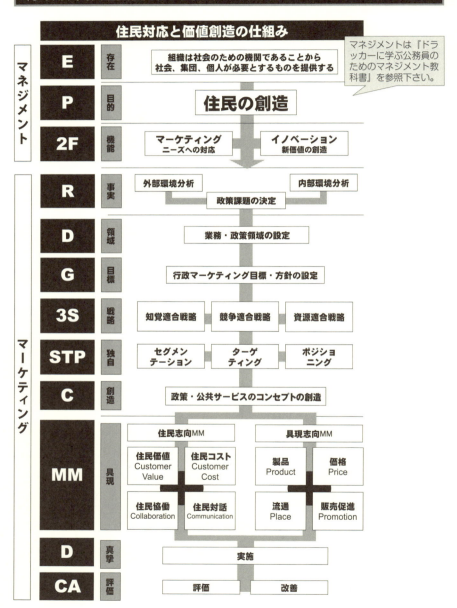

1章 マーケティング必要編 マーケティングの成果と必要性

2. 経営企画部内でのマーケティング研究

(マーケティング導入検討会1：経営企画部)

◆庁内の現状

課長・係長：この体系は成果が期待できます。課題は現場の理解です

部　長：今日の庁議で市長から，「経営改革は成果をあげている。市民の代表として感謝している。この成果を市民生活の向上に確実に結びつけるには，我々の業務姿勢，総合計画，予算編成，政策形成，人材育成に，行政改革推進委員会から答申されたマーケティングの活用が必要」といった話しがありました。皆さんの手元にあるのが答申の概要と体系（左図参照）です。

課　長：答申されたマーケティングの体系は，これまで実践してきたマネジメントとマーケティングを組み合わせたものです。マーケティングは企業のものといった考え方もありましたが，現在では，病院，学校，寺院，NPOといった非営利組織でも，積極的に活用するようになっています。我々にも必要です。

係　長：いつもこの体系を頭の中に入れて，住民や団体と接触して政策アイデアを考え，それを予算編成時に政策として具現化できれば，大きな成果が期待できます。課題は現場の管理職や職員がこの体系を理解し実践できるように，私たちが工夫と準備ができるかです。

主　査：職員の中には，「マーケティングは企業の売上拡大の手法で，これによりムダな消費が強いられる。そのような手法は行政には必要がない。さらに，そもそも，商売もしたことがない我々行政が，マーケティングをしても失敗する。それは近代化事業で長年税金を投入してきた地元商店街の衰退，中小企業対策で毎年税金を投入してきた地元企業の低調な業績を見れば明らかである。多少盛んな観光と地域ブランド事業も，実態は中央の広告代理店に頼りきっているだけで先は短い」といった意見もあります。

職　員：「ガバナンス」や「職員研修」といった専門誌を見ていると，最近は行政へのマーケティング適用に関する記事をよく目にします。しかし，我々のマーケティングに関する理解は十分ではありません。アンケート調査が，マーケティングであると考えてしまいます。

◆変化は現場で起こっている
係長：現在の発生型問題対応の政策形成は機会損失が大きすぎます
課　長：地域成果の向上には政策形成の見直しが重要です。「地方の活性化」が，日本社会経済の大きな課題になっています。国・県からは総合的な地域戦略の実施が求められています。それは，これまでの国の補助金を活用して国仕様の政策を執行するといった，地域ニーズを軽視する政策内容ではありません。市民の皆さんと協働して地域のニーズと資源を掘り起こし，そこに税金を活用して地域独自の価値創造を支援する政策の立案です。これには政策形成に，いつも市民起点から考えるマーケティングの適用が必要になります。

係　長：発生型の問題への対応が中心になりがちな現在の政策形成は，機会損失が大きすぎます。常に問題が大きくなり，その対応が対処療法的になることから，後でまた同じ問題が発生するといった税金の浪費になります。変えなければなりません。既に存在しているが市民も我々も気がついていない問題を発見し，大きくなる前に問題を解決する未然防止型の政策形成が必要です。これには潜在ニーズを把握し，素早く課題の解決を図るマーケティングの活用が求められます。

主　査：課長や係長が指摘したマーケティングの必要性は現場で強く感じます。昨年，市民と行政職員を対象とした，次世代地域リーダー人材養成のための「地域塾」を担当しました。この経験からすると，参加した市民も職員も，「マネジメント」や「マーケティング」に関する知識と意義ある取組が不足していることを痛感しました。講師の方は，「地域再生には人と組織に成果をもたらすマネジメント（経営）と

マーケティングが不可欠。しかし地元企業のマネジメントとマーケティングは経験的すぎる。行政はそれがないといった段階だ。これでは起業方法や広報のやり方といった手法を学習しても成果は半減する。地域ブランド戦略の成功事例を視察しても，それを咀嚼できる基本的な能力がないことから，すべてマネになる」と言っていました。ここで必要なことは，まず我々のマーケティング軽視の姿勢を是正することです。

主　任：委員会が答申した体系は，私たちの政策作りに住民目線の改革を迫ります。ただ，ターゲティング，ポジショニングといった馴染めない用語もあります。行政の特徴を考慮したマーケティングについての解説がないと，また民間手法の活用といったレベルで終わります。

◆次回までの行動
主査：識者の多くがコトラーのマーケティングを奨めます

主　査：先の講師の方は，行政の受講者には予算要求や政策形成に「基本的なマーケティング体系の適用」が必要とし，行政の仕事は，集客を目標とする民間企業のマーケティングに近い産業振興から，市民の自助的行動の実現を目標にするソーシャル・マーケティングの適用が適切な福祉まで幅が広い。よってマーケティングの学習には，企業と非営利組織のマーケティングを体系化したコトラーのマーケティングが適切と助言をしてくれました。コトラーのマーケティングは，住民満足の実現，住民生活の向上，貧困の撲滅を対象にします。

課　長：我々を取り巻く環境は，「地方消滅」が予測されるほど厳しい状況です。先進的な企業では，グローバル化する厳しい競争環境に対応するために，使命を見直し，組織内部のあらゆる仕組みを，顧客と競争の

視点から変革しています。失敗すればトップは辞任です。上場企業トップの半数は任期が4年未満です。こうした企業の聖域なき自己改革に比べると，我々行政の改革は十分とはいえません。自己改革を求め成果を実現するマーケティングの導入は，当然すぎることです。

部　長：皆さんの意見からすると，答申されたマーケティング体系は活用できそうですが，現場での活用については，まだまだ解決すべき課題があります。しかし，必要性は日増しに高まっています。総合計画や分野別計画の作成，予算要求と査定，年度の全庁や各部署の目標・方針の設定，政策形成，日常の市民対応などに，マーケティングの考え方と体系を早期に適用し，成果に結びつけたいと考えています。

　そこで委員会からの答申内容と体系を基盤として，下記に関する調査をお願いします。次回はそれに基づいて導入推進方法を検討したいと思います。よろしくお願いします。

　　①コトラー・マーケティングの特徴の把握
　　②マーケティング研修の受講による内容の理解
　　③他行政でのマーケティングの政策への活用状況の把握
　　④最新のマーケティング動向の把握

3. 経営企画部内でのマーケティング導入に向けた取組

　経営企画部では，検討会の結論事項を職員で分担して取り組みました。①コトラー・マーケティングの特徴の把握では，コトラーの書籍から，『コトラー＆ケラーのマーケティング・マネジメント』，『非営利組織のマーケティング戦略』，『コトラーソーシャル・マーケティング』を選択し学習対象としました。

　②マーケティング研修の受講に関しては，数人の職員が自治体研修センター主催のマーケティング研修を受講し，行政マーケティングの基本的な考え方や体系，活用事例などを学びました。

　③他行政でのマーケティングの政策活用の状況については，地域ブランド戦

略で成果を出している関東圏のN市，区民満足度の高い都内のA区，独自の街興しに取り組んでいる関西圏のT市を訪問し，首長や担当者からマーケティング活動に関する情報を収集しました。

◆驚きの収穫：最新のマーケティング3.0
部長：行政に関するマーケティング環境は激変していました
　④最新のマーケティング動向に関しては，東京で開催されていたコトラーも出席する「世界マーケティング・サミット（WMS）」に，部長と数人の職員が参加しました。この会議では，「貧困・飢餓の撲滅，女性の地位向上，乳児死亡率の削減，環境の持続可能性」などの課題解決に関する，マーケティングの理論の適用や実践の成果について議論が交わされました。

　4つの大きな収穫がありました。1つは，参加した企業関係者との話し合いから，マーケティングの基本的な考え方と体系理解の必要性を確認できたことです。2つめは，マーケティングの先端は，価値主導のマーケティング（マーケティング3.0）に移行し，さらに1人ひとりの能力発揮をめざす自己実現の

コトラーのマーケティング3.0
協働による共創でより良い社会の実現を

マーケティングの進化	マーケティング1.0	マーケティング2.0	マーケティング3.0	今後は
	製品中心のマーケティング	消費者志向のマーケティング	価値志向のマーケティング	
目的	製品を販売すること	消費者を満足させつなぎとめること	世界をより良い場所にすること	マーケティング4.0 自己実現のマーケティング
可能にした力	産業革命	情報革命	ニューウェーブ技術	
市場に対する組織の見方	物質的ニーズを持つマス購買者	マインドとハートを持つより洗練された消費者	マインドとハートと精神を持つ全人格的存在	
主なマーケティングコンセプト	製品開発	差別化	価値	
企業のマーケティングガイドライン	製品の説明	企業と製品のポジショニング	企業のミッション，ビジョン，価値	
価値提案	機能的価値	機能的・感情的価値	機能的・感情的・精神的価値	
消費者との交流	1対多数の取引	1対1の関係	多数対多数の協働	
行政組織の分布：	大部分の行政	ごく少数	片手で収まる	？

マーケティング（マーケティング4.0）への発展が考えられていることです（前ページの図参照）[1]。その目的は、「世界をより良い社会にすることへの貢献」です。経済の危機、疫病の流行、貧困の拡大、環境の破壊に直面している人々に解決策と希望を提供するとします。

驚きでした。自分達はマーケティング1.0（政策中心のマーケティング）か、マーケティング2.0（住民志向のマーケティング）の入口であることもわかりました。企業も行政も、それぞれ顧客と住民の満足向上を追求していますが、その考え方と対応方法には大きな隔たりがありました。社会貢献に向けたマーケティングの進化からあまりにも遅れた行政の現実に愕然とさせられました。

◆行政の役割は住民との協働と共創による創造

3つめの収穫は、我々が取組むべき方向が読み取れたことです。住民が変化しています。インターネットなどのソーシャル・メディアの普及によって、住民同士がネットワークでつながり、豊富で多様な情報を保有した住民のコミュニティを形成しています。住民が、行政によって調整される受動的な存在から、「参画する主体」として台頭しています。住民は自分たちが生活する社会を、より良い場所にしようと自発的に活動する意志と、自分たちの問題を自分たちで解決する、民主的な潜在的パワーを持つようになっています。

そこで行政に求められているのは、主権者であり社会の主体である住民との協働（Co-work）による共助（Co-aid）と共創（Co-creation）です。これにより、政策と公共サービスの社会改革力を高め、現在の疲弊した社会を、より良い場所に変革していくことです。

これまでの政策形成は、国や県の政策を中心に、そこに首長や関連団体の要望、自分たちの経験を加味して政策を策定する内向きのアプローチでした。しかし、このような住民の視点を軽視するやり方では、政策の成果を望むことはできません。事実、成果不足が続いています。

今後は、地域で生活する住民や協働者が、「We（我々、私たち）」と感じられるオープンな共助と共創の場を設定し、そうした場でのマーケティング3.0

の目的である「社会をより良い場所にする」ことに関する政策の創出が求められます。

　住民は政策形成における主役であり，政策形成や協働において，主体的に行政と共創する立場にいます。公務員はその前提で仕事をすることが求められます。

◆現在の庁内のレベルは？
　最後の4つめの収穫が，有識者によるパネルディスカッションの結論です。「ソーシャル・マーケティングは世界を変える力がある」といった結論に，行政組織へのマーケティング適用の意義を確信することができました。
　この国際会議への参加を通じて，マーケティングは「モノを作る」ことから，行政組織の使命に近い「貧困を撲滅する」「社会を良くする」「人の幸せを実現する」ことへ移行していることを強く感じさせられました。コトラーは「ソーシャル・マーケティングは，人々の行動を変えるための戦略である」[(2)]とも表現します。
　しかし，現時点での庁内は，経営改革で成果に関する意識は高まってきたものの，下記の課題はまだ未解決です。
　①マーケティングについての職員の誤解と理解不足
　②機会損失の大きい政策形成と予算編成プロセスの改革
　③全庁や各部署のマネジメントにおけるマーケティング体系の欠落
　部長と参加した職員は，経営改革をさらに進展させるとともに，その成果をより具体的なものにするには，全職員の業務姿勢と政策形成に「マーケティング」の適用が重要であることを確認させられました。
　会場を後にしても，コトラーの「習い性になるまでマーケティング志向を浸透させよ，マーケティングは普通の人が成果を出す最善の方法論である」といった言葉が，頭の中に渦巻いていました。

1 マーケティングは公務員と行政組織に社会に貢献できる成果をもたらします

学習のポイント

　識者の多くが「時代は大転換しつつある。だが行政組織の多くが，その変化に対応できていない。長年の成果不足がその証拠」とします。M市はその成果不足を考えることから，自己改革を開始しました。

1. 成果の3要件

　「我々に求められている成果とは」「成果不足の是正には何が必要なのか」といった自問から，M市の経営改革は始まりました。人口減と地域社会の困窮，そして財政難に直面していたM市とそこで働く職員にとって，成果不足の是正は，自らの存在意義と自己実現にかかわる根源的なことでした。

　健全な地域社会の実現と維持には，行政組織の成果は不可欠です。成果なしでは社会が疲弊し，行政組織の社会での役割が失われます。行政には，社会に「良いこと」をしているではなく，その先にある「良い成果」が必要です。その良い成果には，マーケティングと関連する以下の3つの要件があります。

（1）成果とは庁舎の外での住民のための良い変化

　最初の要件は，「成果とは組織の外の良い変化」です。つまり成果とは，内部ではなく社会における良い変化です。内部の成果は，外の成果に貢献できなければすべて徒労です。

　人や組織の仕事は常に外に向けて行われ，その内容を他の人が利用することで成果になります。例えば役所の中では，様々な仕事が行われています。この役所という組織が，社会に有用な組織と認められるには，役所内の仕事が組織の外の住民に受容され，住民の自助的活動に結びつかなければなりません。

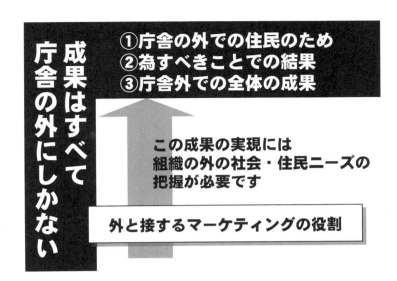

　個々職員の仕事でも同じです。担当する仕事の意義は，自分以外の人や組織にどれだけ利用され，成果に貢献しているかによります。よき意図で熱心に仕事をしているだけでは，自己満足で終わります。仕事への努力は，自分以外の成果に貢献してこそ意味をもちます。成果は常に外にあります。職員と行政組織の成果は，外部の成果に結びつくことで意味あるものになります。

(2) 成果とは為すべきことでの結果

　2番目の要件は，「成果とは為すべきことをなした結果」です。組織の成果は，組織の外にあります。それは社会の歪みにさらされる人々のためのことであり，その社会を良くし，自助を支援し，人の幸せに貢献できる「為すべきことの結果」です。成果は自分たちのやりたいことの結果ではありません。

　また職員は，為すべきことで成果をあげる実践を通じて，外部から認められることで自己実現を手にできます。同時に社会における行政組織の存在を意義あるものにします。成果とは，やりたいことではなく，「為すべきこと」を通じて得るものです。

(3) 成果とは全体としての成果

　3番目の要件は，「成果とは，個々の成果のみならず全体の成果」です。行

政が対象とする「住民生活」は，全年代の衣食住に関わる立体的なものです。よって行政組織全体での整合性のとれた対応が必要になり，個々の活動の成果は，全体の成果と結びつくことで意味ある成果になります。

ところが，人は自分が担当する専門や所属部門の成果に目がいきがちです。仕事が個人的な活動になり，全体の成果を忘れます。そのうち全体の成果不足の影響が，自分の仕事にも及んできます。自分が成果をあげていても，外部からの組織全体へのよい評価が少なければ，個人の成果は埋もれます。成果は全体的なもの組織的なものです。

2. 成果不足とマーケティング

◆他への貢献を考える

このように，行政組織とそこで働く職員の成果とは，組織の外で認められる（内部のことではない），社会に為すべき（やりたいことではない），組織全体への良評価（個人のことではない）が得られるものであり，その成果を通じて社会を良くし，「人の幸せ」に貢献するものです。

よって成果をあげるには，組織の外の，社会の為になる，組織全体が評価されることが必要です。つまり他への貢献です。貢献に焦点をあわせることで，自分の担当する仕事の成果から，他の人や組織，社会の成果に目を向けるようになります。これが組織内に広がることで，組織全体の活動が，社会における成果に結びつく内容に変わります。全体の奉仕者としての公務員の役割が果たせます。法令や条例を熟知していても，それが住民生活の向上に役立たなければ，「よく知っていますね。でもそれがどうかしたの」と言われてしまいます。

◆良い成果には外部と接するマーケティングが必要

社会への貢献をめざす組織は，組織の外の，社会の為になる，組織全体が評価される成果産出の考え方と方法を身につけなければなりません。これに必要な最初で最重要なことが，庁舎の外で生活している「住民ニーズ」を把握する

ことです（p.15図参照）。

　ニーズの把握には，住民との接触が必要になります。組織で住民に接しているのがマーケティングです。組織すべてがマーケティングを通じて住民ニーズを把握します。ここにマーケティングの他にはない「重要性」があります。

　コトラーも，組織の機能で外部と接する機能はマーケティングしかない。また，住民ニーズを把握し，組織内のすべての機能を住民満足の実現に向けて統合する役割も，マーケティングしか果たせないとします。ドラッカーも，組織に成果をもたらすのはマネジメントしかないとし，その中で成果に直接関与するのがマーケティングであるとします。公務員と行政組織が，社会に貢献できる成果を産出するには，マーケティングが不可欠なのです。

◆マーケティングの習得は公務員の責務

　行政組織の成果不足の大きな原因の一つが，この外部のニーズを取り込み，そのニーズに対応できる価値を組織的に創造するマーケティングを軽視したことにあります。机上のパソコンで，補助金付きの事業を検索することに没頭し，補助金がつく，国の政策にそっている，他行政が実施しているとして予算要求をしそれを認めてきた，組織の外の住民ニーズを忘れた供給志向の行政の業務姿勢にあります。

　長年にわたってマーケティングを熱心に活用している企業でも，製品サービスが思うようには売れなくなった現在，マーケティングを軽視する行政組織が，社会に貢献できる成果を産出する道理がありません。そのエビデンス（根拠・証拠）は，税金の消費になりがちな予算の膨張以外は見つかりません。人口減少時代では，成果を産出するマーケティング力なしでは，座して財政の破綻と地方消滅を待つだけになります。それは地方創生が必要な現在の地方と日本の状況が証明しています。

　マーケティングは，組織に成果をもたらす最重要な機能であり方法論です。成果不足の行政と公務員にとって，マーケティングの習得は選択肢のない責務です。

2 公務員と行政組織には行政に適したマーケティングが必要です

> **学習のポイント**
>
> 行政組織とそこで働く職員が，社会に貢献できる成果を産出するには，マーケティングの習得が必要です。その習得すべきマーケティングは，民間のマーケティングとも重なる部分がある社会的なマーケティングです。

1. 普通の公務員に必要なマーケティングと現実の認識

◆普通の職員がマーケティングで成果をあげる

「民間の手法であるマーケティングは，行政に有効なのでしょうか」「商品を仕入れ販売したことがない公務員の私たちが，マーケティングを実践することは可能でしょうか」といった質問を，マーケティングの講演でいただくことがあります。回答は「もちろん有効でそして可能です。マーケティングは，公務員であるあなたに，自然に成果をもたらす仕組みです」となります。

コトラーは，行政組織のマーケティング活用の前提として，「非営利部門（民間部門と政府部門でも同様である）では，どのような問題領域でもマーケティングは機能する。目的の達成には，対象者の行動に影響を及ぼすことが欠かせないため，誰もがマーケティングに精通する必要がある」[1]とします。

このためコトラーは，マーケティングは企業だけではなく，組織すべてに必要なものとして，マーケティングのコンセプトを，非営利組織も含めた多くの組織形態に拡張して適用しています。さらにマーケティングを，ごく普通の人が習得できるように，概念的で経験的なものから，体系的・手順的なものに改革しました。こうして普通の人が，マーケティングを学習し実践することで，社会に貢献できる成果を手にすることができるようにしています。

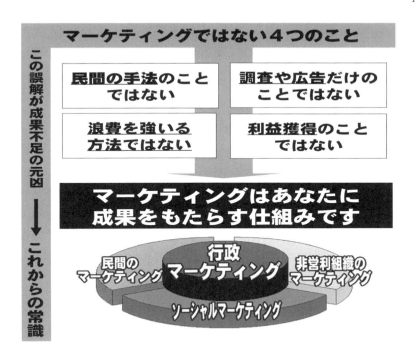

◆マーケティングを軽視した悪影響

　ただ，「公共部門で働く人たちに最も見過ごされ誤解されてきた分野の一つがマーケティングである」[(2)]とも指摘します。行政はマーケティングを，「調査や広告」「利益獲得の手段」と表面的に認識し，マーケティングの活用を「民間手法の導入」の範囲に限定してしまいました（上図参照）。

　マーケティング研修の内容は，市場調査，PEST分析，3C分析，SWOT分析といった手法学習中心になり，マーケティングを，自らに成果をもたらす考え方，体系，仕組みとして活用することが疎かになりました。

　マーケティングの仕組みが十分に機能しなければ，行政組織内の成果産出活動は，計画書ではマーケティングの用語や手法は踊るものの，旧態依然のままになり，行政組織とそこで働く職員の成果は最少になります。現実に，1991年のバブル崩壊から表面化した成果不足の蓄積は，人口減と借金増を加速させ，国家破綻が論じられるほど深刻化しています。地方では地元工場の閉鎖，

商店の閉店が見慣れたものになり活力が枯渇しています。

　これは，企業自身の経営力不足も要因の1つですが，地方と国家経営を担う行政組織の「成果産出能力」の欠如が大きな要因です。行政組織は，組織に成果をもたらすマーケティングの習得と活用に取り組まなければなりません。

2. マーケティングの輝かしい成果と行政への導入

◆民間分野での輝かしい成果

　よく考えられたマーケティング活用の成果は顕著です。例えば民間分野では，業界最下位に転落寸前のアサヒビールは，外部から登用された樋口社長が，社員に成果重視のマネジメントと顧客志向のマーケティングを徹底し，新製品「スーパードライ」の開発を糸口として，15年で業界最大手になる組織に改革します。同時に「単一的なビールの味に革命」をもたらし，ビール市場を低廉で豊かなものにして顧客の嗜好に貢献します。

　倒産が噂されたヤマト運輸は，二代目である小倉社長が，個々の社員のマネジメント力とマーケティング力を引き上げることで，業界の常識に挑戦した「宅急便」の開発を可能にし，現在の高収益企業に変革します。同時に大きな荷物をもって移動する苦労から，多くの人を解放しました。マーケティングは，顧客の生活水準の向上に確実に貢献します。

◆不足する行政分野での成果

　一方，行政分野では，マーケティングで成果をあげている行政組織は限られています。よって行政には常に下記の不満がつきまといます。

　　【使命】支払った税金に見合った地域社会が実現できていない。
　　【借金】政策の失敗は借金増で対処しその責任を誰もとらない。
　　【肥大】成果不足の政策を廃棄せずに対策することから肥大が目立つ。
　　【浪費】間違いを認めず，税金と時間と人材をムダにする。
　　【体質】自分たちに不利な情報を隠し主権者である住民を軽視する。

それでもコトラーは，社会には公共部門は必要だとし，マーケティングへの誤解を説き，成功の体系を説明し，住民志向のマーケティングを積極的に活用すべきとします。「行政のマーケティングが民間のマーケティングと違うところは，組織の目的に関すること「のみ」とし，ソーシャル・マーケティング・プログラムは，個人や社会全体の成果のために行動を変革させることを目標として実施される，一般的マーケティング・プログラムである」[3]とします。

　確かに，行政組織内には，民間組織と同じ業務がたくさんあります。首長が掲げる住民第一主義は社長が掲げる顧客第一主義に，住民満足の実現は顧客満足の実現です。住民ニーズの把握は顧客ニーズの把握に，政策形成は製品開発プロセスに，住民満足度調査は顧客満足度調査になります。

　公務員と行政組織に不足しているのは，それらの業務を，組織の外での成果に結びつくように考え，仕組みとして組み上げ，それを活用するマーケティング要素の導入です。

◆幅広い業務を扱う行政に適したマーケティングの活用

　成果不足の行政組織に必要なことは，住民ニーズを的確に把握し，それに基づいて政策を創造して提案することです。住民が求めているものを創造提案することができれば，住民は自然と認識し行動してくれます。これを実現するのがマーケティングです。

　嬉しいことに，一部の先駆的自治体のマーケティングによる成功事例の存在は，公務員と行政組織が，正しい理解と手順でマーケティングに取り組むことで，地域社会に貢献できる成果をあげることが可能であることを示します。

　そのマーケティングとは，企業の発想に近い産業振興から，弱者支援の福祉を扱う行政組織に適したマーケティングです。それはコトラーが体系化した企業のマーケティングとそこから発展させた非営利組織のマーケティングに，ソーシャル・マーケティングを組み合わせた「行政マーケティング」です。行政マーケティングは，この3つのマーケティングの考え方と体系，知識を活用します（p.19図参照）。

3 政策形成に住民創造のマーケティングを適用します

学習のポイント

行政組織は，組織の外での成果が求められます。その成果は政策形成で計画します。行政組織の成果は政策形成の価値創造力に依存します。社会での成果が求められる政策形成へのマーケティング適用は必須の条件です。

1. 政策形成と地域社会の安定と発展

◆政策形成にマーケティングを適用する

地域の安定と発展に必要な住民行動が2つあります。1つは，住民の自助的行動による住民個々の活力向上です。もう1つは，それを地域全体の増力に結びつける住民の協働的な行動の結集です。住民の活力に満ちた自助的で協働的な行動の結集が，地域を甦えらせ発展させる原動力になります。

行政は，この2つの住民行動を全力でサポートします。それは，政策や業務を担当する職員本人の能力発揮に加えて，首長や関係部署の協働といった組織的な活動です。コトラーは，「ソーシャル・マーケティングの目的は，住民の望ましい行動変容を支援するための建設的なアプローチを開発する」[1]とします。それはよき意図だけではなく具体的なものです。

行政には有効な方法論が必要になります。それが，住民の自助的行動を喚起し，それを成果に結びつけるマーケティングであり，それを地域全体の活力として結集するマネジメントです。前者のマーケティングは，行政では，価値ある政策の創造と提案を行う政策形成プロセスで活用します。政策形成の政策課題の設定から政策の評価までの各プロセスにマーケティングを適用し，自助的行動を喚起する政策・公共サービスの提案を可能にします（右図参照）。

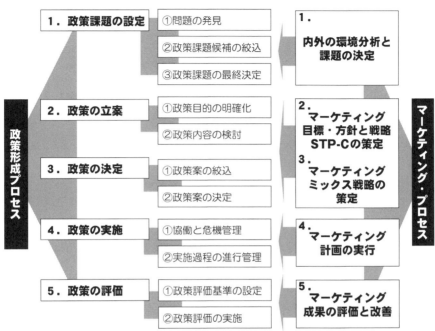

◆政策形成プロセスの重要性

　行政は価値ある政策・公共サービスの提案で社会に貢献します。政策は「行政組織によって採用される問題解決のための基本方針と，それに沿って採用される解決手段の体系」[2]とされます。政策形成は，その政策を産出する「政策形成の過程とそこで使用される手段・手法で構成される，社会課題に関する問題解決のための緻密な手続きと手段・手法」になります。

　よって長きにわたる政策の成果不足は，結果→原因の思考プロセスからすると，政策形成の不備に起因します。問題解決を担う政策形成過程に盛り込まれる内容に不足があります。

　企業でこの政策形成過程に該当するものが製品開発プロセスです。価値創造活動の最重要プロセスであり，企業活動で中核的な働きをします。顧客ニーズ

の把握から成果の評価までの製品開発プロセスには，徹底してマーケティングの機能が組み込まれます。組み込む機能とその働きによって，製品開発プロセスの成果は大きく変わります。もし，必要なマーケティング機能が欠落していれば，顧客の支持を獲得できる製品を開発することはできません。組織の成果不足は，製品開発プロセスにおけるマーケティング機能の不備に起因します。

2. 政策形成に必要なマーケティング

◆政策形成にマーケティングが不足する

　実際，手元にある企業の製品開発に関するマニュアルの目次は，製品開発とマーケティングの考え方，内容，手順，手法の使い方で埋まっています。そして製品開発プロセスの目的は，顧客の課題解決であり顧客満足の実現とします。

　ところが，手元にある行政の政策形成に関する数冊の書籍の目次には，政策形成とマーケティングの関係について触れている箇所はありません。それでも政策形成の目的は，社会における課題の解決であり住民満足の実現とします。現在の政策形成には，住民を満足させるエビデンスが不足しています。

　コトラーは「マーケティングは市民ニーズを満たし，本当の価値を届けたいと願う公共機関にとって最善の計画を策定するための基本概念」[3]とし「公共機関はその使命や問題解決，成果に対して，もっと意識的にマーケティングに取り組み，その発想を取り入れれば，大きなメリットを期待できる」[4]とします。

　住民が困窮している上にそのニーズが多様化している現代では，社会や住民が本当に必要とする政策・公共サービスでなければ，成果に結びつくことはありません。政策形成は，政策課題の設定から政策の評価までの手続きプロセスではなく，住民が求めるニーズを具現化するマーケティング・プロセスです。

　ここに政策体系と個々の政策の立案に，「人間や社会のニーズを見極めそれに応える」[5]と定義されるマーケティングとその活動を支える経営（マネジメント）の仕組みを導入する意義があります。マーケティングは，成果を通じて社会に貢献する組織の基本機能です。

◆政策形成プロセスにマーケティング・プロセスを適用する

　政策課題の設定から政策の評価までの政策形成過程に，住民価値を創造する住民起点のマーケティングを適用します（p.23図参照）。住民ニーズに対応することを基本理念とするマーケティングを，政策形成プロセスのすべてに取り入れます。住民起点の政策形成プロセスを構築し，各プロセスで必要なマーケティング機能と手法を活用し，それを経営（マネジメント）の仕組みで支えます。

　行政マーケティングは，住民の行動に影響を与える有効で合理的な考え方と仕組みを有する体系です。それを政策形成プロセスで適切に活用することで，政策と公共サービスが社会に貢献できるものになり，その成果を通じて行政組織の存在を確固としたものにします。

　マーケティングの適用がない政策形成では，成果不足から予算の膨張と強制が当然視され，結果，住民の自助を引き出すことができなくなります。浪費と強権の行政組織では，住民との協働に不可欠な信頼性は消失します。

◆成果を出せる政策形成とは

　政策形成で最も重要なことは，「優れた政策を策定すれば必ず成果があがる」といった政策主導の発想ではありません。「住民が求める政策を，納得してもらえる予算で提案することが成果に結びつく」という住民志向の考え方です。

　政策の提案を担う組織と職員は，政策や公共サービスの提案における自らの政策姿勢と基本的な考え方を，住民志向に変革しなければなりません。政策形成は「変化する住民ニーズ」が基点になります。昨年のやり方を今年も続けて行うことは，もはや不合理になります。新ニーズの把握が必要になり，このためには，住民と接する唯一の経営機能であるマーケティングを政策形成のすべてに取り入れることです。

　マーケティングなしの予算編成と政策形成では，年々住民ニーズとのギャップが拡大するだけです。現在の地域の沈滞がそれを証明しています。

4 コトラーのマーケティング対象は企業, 非営利組織, 行政です

学習のポイント

　前節のように公務員と行政組織には, マーケティングが不可欠です。そのマーケティングの大部分は, コトラーが体系を確立しています。コトラーの軌跡[(1)]から, 公務員に必要な社会を変革するマーケティングのあり方を確認します。

1. マーケティングの父であるコトラーの貢献

◆36歳で世界の教科書『マーケティング・マネジメント』を上程

　コトラーは, 大恐慌（1929年〜33年）で世界が大混乱していた1931年に, 米国のシカゴで生まれます。両親はウクライナからの移民です。成人になったコトラーは, 最初は, MIT（マサチューセッツ工科大学）で経済学博士号を取得し経済学者をめざします。しかし, 多くのマーケティング学者との交流から,「現実の世界を扱っていない経済学を教えることよりも, マーケティング理論や実践の研究に人生を懸ける」ことを決意します。

　さまざまな実践と研究を通して1967年に,『マーケティング・マネジメント』を出版します。顧客中心のマーケティングの必要性を訴え, マーケティングの基本原理の説明に, 多くの実証研究や実例を活用した書籍です。これが現在でも使用されている世界のマーケティング教科書になります。

◆マーケティングの対象範囲の拡大

　コトラーは1969年に, マーケティングの考え方は, 場所, 人, 思想, 信条などにも応用できると主張し,「マーケティング・コンセプトの拡大」と題す

コトラーの軌跡：マーケティングをすべての領域に

経済学者をめざす
- 1931年に、米国のシカゴで産まれ、両親は移民
- MITで博士号を取得し経済学者をめざすが、その後マーケティング学者に。

企業向けマーケティングの体系化と他分野へのマーケティング概念の拡張
- 1967年に世界のマネジメント教科書『マーケティング・マネジメント』を出版、マーケティングの父に。
- 1969年に「マーケティングコンセプトの拡大」を主張『ミュージアム・マーケティング』『公演芸術のマーケティング戦略』『宗教のマーケティング』の出版

非営利組織とソーシャル・マーケティングの開発
- 非営利や行政へのマーケティング適用を本格化する。
- 1975年『非営利組織のマーケティング戦略』の出版
- 1989年『ソーシャル・マーケティング』の出版
- 2006年に『社会が変わるマーケティング』の出版

富と貧困への挑戦、そしてより良き世界の実現に奔走中
- 2009年に出版した『コトラーソーシャル・マーケティング』の中で貧困をとりあげる。
- 現在は「マーケティングを通じてより良き世界を創る」をテーマに世界で活躍。日本に何度も来日

特徴
- ●社会に貢献できる成果を産出する方法論を構築した。
- ●時代変化に応じた実践的なマーケティングを創造している。
- ●社会変革のためのソーシャル・マーケティングを開拓する。
- ●貧困の撲滅、失業の削減を通じてより良き社会をめざす。

る論文を発表します。ここからマーケティング対象の拡大が始まります。『ミュージアム・マーケティング』『公演芸術のマーケティング戦略』『宗教のマーケティング』を出版します。

　また当時の社会は、貧困、飢餓、疫病など、多くの社会問題を抱えていました。コトラーは、「マーケティングはモノやサービスを提供するだけではなく、人々の生活を良くすることに役立つのではないか」と考えるようになります。

　この考えと実践は、慈善活動をしていた母親からの影響もあり、非営利組織に向けられます。その研究成果は『非営利組織のマーケティング戦略』（1975年）の出版になります。そして、1989年には、ソーシャル・マーケティング

に関する初の書籍『ソーシャル・マーケティング：行動変革のための戦略』に結びつきます。

◆政府へのマーケティング適用

次にコトラーは，公共部門で働く人たちが最も疎かにしてきた分野の一つがマーケティングであるとし，政府へのマーケティング適用に挑みます。この成果は，2006年に『社会が変わるマーケティング』の出版になります。本書の中でコトラーは，「伝統的なマーケティングの概念が，公共部門でも十分に通用することを本書でお見せしよう。この概念は，米国連邦政府，地方政府，州政府，市や郡，教育委員会，水道局，運輸局，ひいては世界中の同様の機関にも，何の支障もなく適用できる」[2]と言い切ります。

◆貧困へのマーケティング適用

コトラーは「富と貧困」にも目を向けます。富に関しては，米国企業の最高経営責任者が受け取る巨額報酬に憤慨します。「富の偏重は中産階級の購買力を低下させる。結果，消費低迷と雇用減少になり，国内総生産は停滞する。国民の不満が募り，それが怒りとなるのは否定できない」と警鐘を鳴らします。

貧困に関しては，2009年に出版した『コトラーソーシャル・マーケティング』の中で，富の偏重と貧困からの脱出は，前者は政府の介入が必要だろう。後者はマーケティングの高貴な志があれば解決できるとします。

◆マーケティングは「より良き世界の創造」に挑む

さらに2012年には，「マーケティングを通じてより良き世界を創る」をテーマとする「世界マーケティング・サミット」を創設します。テーマの中心は，国連が定めた極度の貧困・飢餓の撲滅などの「ミレニアム開発目標」です。一流の講演者が，これらの問題解決に有効なマーケティングの理論や実践（次ページに）を提案します。最新の著書『資本主義に希望はある』では，貧困，所得格差，環境破壊など14の課題を取り上げ，その解決方向を提言しています。

こうして，1900年前後に誕生したマーケティングは，100年強を経て「余剰農産物への対応方法」から「より良き世界を創る」といった，社会問題をも考える体系に進化しています。マーケティングは企業の手法ではなく，社会の課題を解決する方法論です。公務員の方には必携すべきものです。

2. コトラーマーケティングの特徴

　コトラーの軌跡からすると，コトラーのマーケティングには，次の4つの特徴が考えられます（p.27図参照）。これを見ても，マーケティングの習得は，公務員であるあなたの責務であることは明白です。

(1) ドラッカーと共に社会に貢献できる成果を産出する方法論を構築した

　マーケティングは，コトラーが尊敬するドラッカーがマネジメントの中でその役割を位置づけ，そのマーケティングを，実践に向けて体系化したのがコトラーです。コトラーのマーケティングは，基本的な部分ではドラッカーの諸説を活用しています。ドラッカーもマーケティングの実践面では，コトラーに意見を求めています。

　ドラッカーはマネジメントで，コトラーはマーケティングで，組織とそこで働く普通の人達が，社会に貢献できる成果をあげる実践的な「方法論」を構築しています。

(2) 時代変化に応じた実践的なマーケティングを追求している

　50年弱も前に出版した「マーケティング・マネジメント」は，現在では14版を重ねています。コトラーは，マーケティングは硬直した理論や体系ではないとします。改訂するたびに，その時代に必要なマーケティング事項を取り入れ体系化し，常に実践で役立てるものにしています。特にSTP理論は，価値の創造プロセスとして，組織の成果向上に大きく貢献しています。さらに2010年に公表した「マーケティング3.0」の考え方は（p.11図参照），世界的な危機の時代，ソーシャル・メディア時代での新マーケティング法則を明らかにしています。

(3) 社会変革のためのソーシャル・マーケティングを開拓した

コトラーは早くからマーケティング・コンセプトの拡大を主張します。その実践と研究成果により、マーケティングは大学・病院・ミュージアム・教会・NPO・政府といった多様な組織に拡大し、非営利組織の戦略的な環境対応であるソーシャル・マーケティング領域の確立につながります。ここから企業の社会的責任を扱う「CSR（社会的責任）マーケティング」や、「コーズマーケティング（社会貢献に結びつく活動）」などが展開されます。

(4) 貧困撲滅、失業削減でより良き社会の実現を掲げる

コトラーの軌跡をみてもわかるように、コトラーのマーケティングは企業の発展だけではなく、NPO、政府、教会などあらゆる分野への適用を拡大し、世界がより良い場所となることを願っています。先のマーケティング3.0では、マーケティングの成果を「より良き社会にする」と明記しています。マーケティング2.0のコンセプトである、「消費者がどのようなものを望んでいるか」と比較するとその変化がわかります（p.11図参照）。

◆**普通の公務員だれもが住民に支持される政策を創造できる方法**

もはやマーケティングは企業のものといったことではなく、組織すべてとそこで働く人全員に有用なものです。特に地方消滅が予測されている896の地方にとっては、地域を構成する組織に成果をもたらすマーケティングの習得は、最優先の責務です。

この責務遂行には、嬉しいことにコトラーが、普通の人であればだれもが、住民に支持される政策を創造できるマーケティングを習得できるように準備してくれています。コトラーはマーケティングなしでは成功しないとしますが、そのマーケティングは1日あれば学べる、後は実践を通じて高められるとします。さらにマーケティングが無用になる日は、永遠にこないとつけ加えます[3]。

これならマーケティングの習得は、あなたにとって大きな財産になります。さあ、マーケティングを学習しましょう。そこに平和で幸せな社会とそこで活躍する住民とあなたの未来があります。

2章 マーケティング概要編

行政マーケティングの定義と体系

M市のマーケティング改革　(2) 基礎構築

M市の全職員は，マーケティングに関する
①考え方，②体系，③若干の手法を習得しました

（マーケティング導入検討会2：経営企画部）

◆マーケティング改革の必要性
部長：政策形成にマーケティングを適用します

部　長：行政経営改革で全庁の経営の仕組み，それと連動した形で各部の経営の仕組みが構築され，全庁方針に基づいた各部の特徴に応じた市民対応のやり方が整備されました。次は予算編成も含めた政策形成システムの整備になります。政策から成果を産出するには，マーケティングの適用が必要です。必要性や有用性については，職員の理解も進んできたことから，各自が調査し体験してきたことを参考にして，適用の方向と内容を検討しましょう。

係　長：マーケティングの学習については，コトラーの代表的書籍3冊を，職員で分担して研究し，マーケティングの有用性を確認しました。コトラーは，多くの人が，かつてなかったほど強く社会変革を待望しているとし[1]，ソーシャル・マーケティングはその変革を実現する戦略とします。そして，社会問題の解決にマーケティングを使用することは当然のこととします。

職　員：私は『非営利組織のマーケティング戦略』を担当しました。本書でコトラーは，「マーケティングは，行政も含めた非営利組織のどのような問題領域でも機能する」[2]として，我々のマーケティングに関する認識変革を要求します。さらに「目的の達成には，住民の行動に影響を及ぼすことが欠かせないため，誰もがマーケティングに精通する必要がある」[3]とし，習得を迫ります。

課　長：マーケティングについては、以前から行政分野への適用の必要性が言われてきました。我々がマネジメント改革で参考にしたドラッカーも早くから、「非営利組織の経営には、最初からマーケティングを組み込むべきである」と主張しています。我々は、もはや遅すぎているのかもしれません。そうであれば急がなくてはなりません。

主　査：自治体研修センター主催の行政マーケティング研修（2日間）を受講してきました。初日は、マーケティングの基本的な考え方を学習した後、行政マーケティングの体系を学習します。2日目は「地域振興政策」をテーマにした演習です。環境分析→仮説の構築→マーケティング目標の設定→地域振興のマーケティング戦略の策定といった構成です。実践的な内容から、地方創生に関する戦略策定や毎年の政策立案に活用できます。論理的思考のフレーム・ワークも活用します。

　　　　最後の受講生全員での「今後の活用」に関する検討会では、「マーケティングは政策や事業を考える職員全員に必須である」「演習は、実際の政策立案に準じたプロセスがあり、現場の業務においても大いに役立つ」といった意見が大勢でした。そしてマーケティングの職場での実践で重要な事項として下記の項目があげられました。

　　　　①行政マーケティングの定義とマーケティング志向を理解する。
　　　　②職員全員が政策の立案で行政マーケティング体系を活用する。
　　　　③それをPDCAサイクルを活用して現場で展開する。

◆確実かつ迅速に習得する

全員：マーケティングで「ふるさと納税や地方振興」に成功しましょう

部　長：他の自治体での取組みはどのようでしたか。先週のテレビ番組で、「ふるさと納税制度」による地域活性化の話題が放映されていました。寄付獲得に必要な魅力ある政策を創造するために、様々な知恵を絞る自治体職員の活躍が映し出されていました。寄付金を集めた自治体は、そのお金で新しい独自の政策に着手し、寄付者と住民の支持を高

めています。このよう
な魅力ある政策立案に
マーケティングの知識
や体系が大いに活用で
きそうです。

係　長：ふるさと納税制度は，地域や政策の特徴，地元産業をアピールする絶好の機会です。良さが認められたら，ネットでの販売，旅行を通じた来街，そこから移住の可能性もあります。これからすると，私たちには税金を支払う納税者のニーズをとらえる，企業並みのマーケティング能力が必要です。

主　任：視察した複数の行政でも，地域の紹介，寄付者への政策進捗状況の報告，過度にならないお礼品の企画，地元出身の有名人を活用したプロモーションなど，地域のブランド戦略を意識した，企業のマーケティングに近い活動をしていました。他の自治体との競争を考える発想が当たり前になっています。担当の方は，「寄付獲得のために，地域独自の取組の伝え方とどの程度が適切な税金原価なのかを検討します。これは企業の「売上（納税額）－原価（お礼＋経費）＝利益（純税金）といった損益意識と同じ発想です」と言っていました。

主　査：先の行政マーケティング研修では，素晴らしい実例の紹介がありました。人口減少と財政困窮の自治体が，マーケティングの活用を通じて地域の再生を実現する内容です。我々の取り組むべきことを端的に示しており，全職員に紹介したい内容です。

課　長：皆さんの学習や調査からすると，行政組織へのマーケティングの必要性と成果は，既に検証済みの仮説のようです。もはやマーケティングの基本的な考え方と体系なしでは，市民の視点からの政策や公共サービスを，提案できないということです。

◆習得のポイント
係長：これがマーケティング習得のポイントです
係　長：マーケティングの本格的な習得には，コトラーがマーケティングをマスターするポイントとして推奨した下記の事項[4]が参考になります。
　①マーケティングの正しい定義や考え方の理解
　　　　日々の業務姿勢に住民志向を徹底する。習性になるまで行う。
　②マーケティング問題を解決するための体系的アプローチ
　　　　総合計画，政策形成，予算編成，個々の政策策定，部署方針などにマーケティング体系を適用する。
　③民間部門から生まれたコンセプトと技法を認識し活用する能力
　　　　マーケティング戦略や計画の策定には，SWOT分析や4Cといった多くのフレームワークが使用される。これを活用する。
部　長：必要性と有用性が確認できました。行政改革推進委員会から答申されたマーケティング体系に，今回の体験や調査内容を加味して，職員すべてが確実かつ迅速に習得できる取り組みにしましょう。

　M市は，行政マーケティングの浸透については，専用テキストを使用し全職員に対して十分な研修を実施しました。予算編成方針，予算要求書の様式，予算査定のプロセスにも，マーケティング的要素を大幅に取り入れ，政策提案型の予算編成を推進します。
　職員は，市民志向を念頭に常に自らの業務姿勢を正し，新年度の政策形成にマーケティングのプロセスを活用します。対象市民を明確にし，成果を構想し，その実現のための最適手段を考えます。この取組の蓄積は職員全員の成果を通じて，組織全体の成果を引き上げることになります。

　政策や公共サービスの企画を担うあなたも，これ以降の内容でマーケティングの定義を理解し，体系を学習することで，業務でマーケティングを活用できるようになります。

1 企業のマーケティング定義を先に理解します

学習のポイント

マーケティングは企業で発展しました。行政が使用するマーケティングは，企業のマーケティングの考え方や体系から影響を受け，重なる部分もあります。そこで最初に企業を対象にしたマーケティングの定義を理解します。

1. マーケティング定義の大原則

◆常に顧客からスタートする

　マーケティングは，供給力の向上に伴い農産物の過剰が問題になり始めた1900年代の初頭に，米国の大学でその用語が誕生します。その後，米国産業の隆盛と歩調をあわせて，商業から製造業，流通業，サービス業にまで広がります。日本には1955年に民間の米国視察団によってマーケティングの概念が導入され，経済成長と共に市場対応の有効な体系として各業界に普及していきます。

　マーケティングについては，多くの学者や実務家が様々な定義をしています。その中の有力な定義に共通していることは，「顧客創造の実現のために，常に顧客の視点から行動できるか」といった顧客志向の徹底です。ここから組織活動すべてが提供側の都合ではなく，顧客からスタートしなければならないとする，マーケティングの大原則が導き出されます。それは常に顧客の視点から自己や組織活動の方向を決めかつ改革することでもあります。

　マーケティング活動は，このような顧客志向の理念を理解し，それを受け入れることから始まります。継続的な取組からそれが組織活動の基盤になり，組織体質を顧客志向に変革します。代表的な定義を学習します。

マーケティングとは販売をなくすことです

企業のマーケティングの定義

- **ドラッカーの定義**
  顧客を理解し、顧客に製品とサービスをあわせ、自ら売れるようにすること

- **コトラーの定義**
  人間や社会のニーズを見極めそれに応えること

- **AMAの定義**
  人と社会全体にとって価値のある提案を創造・伝達・流通・交換するためのプロセス

マーケティングの本質
顧客のニーズを見極め、顧客の求めているものを創造できれば顧客に自然に活用してもらえる

マーケティングとは自然に売れる顧客との共創的な仕組み

2. 主要なマーケティングの定義

◆ドラッカーとコトラーのマーケティング定義

　最初は、マネジメントの父であり、コトラーがマーケティング祖父と呼ぶドラッカーのマーケティング定義です。ドラッカーはマーケティングを、イノベーションと共に組織の基本機能とし、マーケティングとは、組織全体を顧客の視点から見ることであり、そのめざすことは「顧客を理解し、顧客に製品とサービスをあわせ、自ら売れるようにする」[1]とします。

　これは、人と組織が顧客のニーズを熟知し、顧客の求めているものを創り出すことができれば、売り込まなくても顧客に自発的に活用してもらえることを意味します。ここから名言「マーケティングの理想は販売をなくすこと」が誕生します。これに共感して、マーケティングの最短の定義として「マーケティングとは、売れる仕組みを創る」としている企業がたくさんあります。

　マーケティングの父であるコトラーは、マーケティングを「人間や社会の

ニーズを見極めそれに応える」[2]と大きく定義し、これとは別に、社会的（ソーシャル）な定義と経営的（マネジリアル）な定義を明らかにします。社会的な定義としては、「マーケティングとは、個人や集団が製品およびサービスを創造し、提供し、他者と自由に交換することによって、自分が必要とし、求めているものを手に入れる社会的プロセスである」[3]とします。コトラーは、マーケティングを社会的なプロセスと考えることで、マーケティングを企業以外の組織にも必要なものとして発展拡大させています。

経営的な定義としては「どのような価値を提供すればターゲット市場のニーズを満たせるかを探り、その価値を産み出し、顧客に届け、そこから成果をあげる」[4]とします。

◆普遍的なマーケティング定義

次は、世界で最も多く引用されている米国マーケティング協会の定義です。2008年に発表された最新の定義は、『マーケティングとは、消費者や顧客、パートナー、および社会全体にとって価値のある提案を創造、伝達、流通、交換するための活動、一連の制度、およびプロセスである』というものです。社会という言葉を加えたこの定義には、下記のような特徴があります。

① [社会性] マーケティングの対象が消費者、顧客、パートナー、社会全体と広がり、同時に主体も企業以外に拡大している。
② [創造性] 社会全体にとっての価値ある独自の提案の創造を重視し、価値の創造（イノベーション）を強調している。
③ [共創性] 交換の概念が再登場し共創的な価値創造を重視している。
④ [仕組的] 創造、伝達、流通、交換する活動とそれに関連する制度およびプロセスとして活動の仕組みを明記している。

◆企業のマーケティング定義のポイント

以上の定義からすると、企業のマーケティングは、対象と主体の範囲がさらに拡大した、社会的で顧客や社会の評価を重視する、関係者の協働による独自

の価値の共創的な創造を強調した，お互いの便益を獲得する交換を中心とする，組織的な仕組みになります。理解のポイントは下記のようになります。

(1) マーケティングの対象と主体が拡大し社会性を帯びている。

マーケティングの対象が拡大し，主体も企業以外に広がっています。マーケティングは，企業だけのものではありません。また，社会への貢献が求められ，顧客や社会が真に必要とするものの提案が求められています。マーケティングは社会性を強め，企業の目的はもはや利益だけではなくなっています。

(2) 価値の創造（イノベーション）が重視されている

顕在しているニーズに既存の製品サービスを提供するだけでは，組織の成長と維持は難しくなります。既に存在はしているが潜在しているニーズを探索し，イノベーションによる創造を通じた独自の新方法で対応することが求められています。顧客は変化します。企業に現状維持や前例踏襲はありません。

(3) 共創的な価値の創造による自然な交換を期待している

交換はマーケティングの中核的な概念です。求める物事を他から手に入れるには，お互いが満足できる何かを交換しなければなりません。円滑な交換の成立には，双方に良い状態をもたらす共創的な独自の価値創造が必要です。交換は，Win-Win関係であり共創のプロセスです。企業は顧客を「消費する人」ではなく「最重要な価値の共創者」と考えています。

(4) プロセス的，仕組み的である

マーケティングは個人でも行いますが，多様な知識の結集が必要なことから組織的な取り組みと手順が必要です。マネジメントとプロセスがマーケティング活動の土台になります。企業は組織活動のすべての基盤はマネジメントにあると考えています。マーケティングと並行してマネジメントの修得も必要です。企業はマーケティングを手法ではなく共創的な仕組と考えています。

コトラーはマーケティングの使命は人々の生活を豊かにすることと語り，「一国の産業能力を社会のウォンツに適合させる力」[5]とも定義します。この視点も加味して，次は行政のマーケティングの定義を検討します。

2 行政マーケティングの定義と特徴を理解します

定義

　　　　　　　　　　　　　　　学習のポイント

　企業のマーケティングの考え方は，コトラーによって多くの分野に適用されました。マーケティングは企業だけのものではありません。その1つに社会の安定と発展を担う行政に適用されるソーシャル・マーケティングがあります。

1. 行政に有用なマーケティングの定義

◆複数のソーシャル・マーケティングの考え方

　社会問題の解決に適用されるソーシャル・マーケティングは，企業のマーケティングから発展したものです。その考え方や内容には，企業のマーケティングと「重なる部分」がたくさんあります。その発展の方向は2つあり，1つは企業が社会的責任と貢献を意識して取り組むマーケティングです。他の1つは，本書で論じる，行政といった非営利組織が，その使命を果たすために活用するマーケティングです。まず定義からです。コトラーが複数の書籍で明らかにしているソーシャル・マーケティングの定義を確認します。

（1）書籍『非営利組織のマーケティング戦略』での定義[1]

　この書籍では，ソーシャル・マーケティングと他の分野のマーケティングを区分するものは，組織の「目的」に関すること「のみ」とし，ソーシャル・マーケティングの定義を，「提供側の便益のためではなく，対象とした住民と社会一般の便益のために，「社会行動」に影響を及ぼそうとするものである」とします。ここから，「ソーシャル・マーケテイング・プログラムは，個人や社会全体の利益のために，行動を変革させることを目標として実施される，一般的マーケティング・プログラムである」とします。

(2) 書籍『ソーシャル・マーケティング』での定義

この書籍では、社会問題を解決するには、社会を変革することが必要であるとし、「多くの社会で、多くの人が、かつてなかったほど強く社会変革を待望している。自らの生活様式、経済と社会のシステム、ライフスタイル、信念や価値を変えたいと願っている」[2]。しかし残念ながら、社会変革のためのキャンペーンの多くは、ほとんど成果をあげていない」[3]とします。深刻な指摘であり、かつソーシャル・マーケティングの重要性を明らかにしています。

この書籍では、「ソーシャル・マーケティングとは、人々の行動を変えるための戦略である」[4]とし「反対の考えを持つ人々、反対の行動を取る人々を変えること、あるいは、新しいアイデアや行動を採用させることが目標である」[5]とします。

(3) 書籍『コトラーソーシャル・マーケティング』での定義

この書籍では、「ソーシャル・マーケティングは、ターゲットと同様に社会（公衆衛生、安全、環境、コミュニティ）に便益をもたらすターゲットの行動に対して影響を与えるために、価値を創造し、伝達し、それを流通させるというマーケティングの原理および手法を適用するプロセスである」[6]とします。

◆行政が活用できるマーケティングの定義とは

以上の企業とソーシャル・マーケティングの定義から、行政が活用できるマーケティングの定義は下記のようになります（p.43の図参照）。

> 行政のマーケティングとは、住民と社会の安定と発展のために
> 対象とした住民の自発的な行動に影響を及ぼす
> 望ましい社会変革を起こす最適計画を
> 住民価値を創造、協働、対話、交換することを通じて
> 住民と共創的に策定し実施・評価することです。

① ［目的］行政マーケティングの目的は、住民と社会全体の安定と発展に貢献すること。

② [**目標**] それは住民の考え方の変化だけではなく，自発的な行動の変革を目標にする。行動の変革とは，交換を通じて①認知を変えるだけではなく，②特定の行為（投票）を行う，③行動（食生活）を変える，④価値観を変えることである。

③ [**方法**] そのため，独自の価値の創造，協働，対話，交換を住民や関係者と協働的に行う仕組みを構築し，共助と共創を通じて望ましい社会変革を起こすための，最適計画を策定し実施・評価する。

④ [**住民**] 自治の主体である住民は政策の受給者ではない。社会の安定と発展を使命とする行政と協働する，共助と共創コミュニティで生活する価値共創者である。

⑤ [**協働**] 地域の課題を，住民と行政が協働による共助と共創で解決する。

2. 価値と住民の行動を交換する

行政組織は，自らが提案する有益な「価値」と，住民が大切にしている「何か」との交換を通じて，住民の「自助的行動」を実現します。住民が行動したいと評価する独自の提案なしでは交換は成立せず，住民の自助的活動は消失し，行政組織の役割も縮小します。

コトラーは，行政組織が対象とする住民に「交換」するよう求めるものは犠牲，またはコストとして，以下の4つのどれかとします[7]。

①**経済的コスト**：金銭や物品を寄付する，税金や手数料を支払う。

②**従来からの思想，価値観，世界観の放棄**：世界は平面である，女性は劣っている，ひとは老いることはないという既成概念を捨てること。

③**従来からの習慣の放棄**：シートベルトを着用する，消費に課税される，他人を使って自らの身体的（介護），心理的（支援）ニーズを充足させる。

④**時間と労力を費やすこと**：ボランティア活動に従事する，病院や赤十字で献血する。

対象となる住民は，このような犠牲またはコストと，行政組織の提案を交換

行政マーケティングの意義

定義
住民と社会の安定と発展のために
対象とした住民の自発的な行動に影響を及ぼす
望ましい社会変革を起こす最適計画を
住民価値を創造、協働、対話、交換することを通じて
住民と共創的に策定し実施・評価する

構成
【目的】住民と社会全体の安定と発展に貢献する
【目標】考え方の変化だけではなく人々の自発的な行動変容を実現
【方法】交換により望ましい社会変革を起こす最適計画をつくる
【住民】政策の受給者ではなく価値共創者
【協働】課題を共助、共創して解決する

成果

社会変革：強制から計画的・自発的な変革

| 認知変革 | 行為変革 | 行動変革 | 価値観変革 |

この実現があなたの役割です

することで、機能的便益（効く、早い、役に立つ）、情緒的便益（安心、快適、信頼）、自己・社会的便益（能力発揮、自立、社会貢献）の3種類の便益を得ることになります。この犠牲についてはp.182、便益についてはp.166も参照して下さい。

3 住民の本音に接触できるのは マーケティングだけです

学習のポイント

マーケティングは，組織を成果に向けて動かすマネジメントの1つの機能です。その役割を効果的に引き出すには，組織内での位置づけを間違えないようにします。定義の次は，この位置づけを適切なものにします。

◆これまでの役割：マーケティングが中心機能である

組織の成果は，マーケティングの位置づけを間違えると激減します。役割が果たせる位置づけをします。時系列でみると，マーケティングは環境変化に対応しながら，下記のような役割を担ってきました[1]（右図参照）。

①**マーケティングは重要ではない**：供給より需要が上回る場合は，組織は作れるものを作る。マーケティングの役割は軽視される。

②**マーケティングは他と同等**：供給と需要がバランスし始めると，マーケティングも人事や財務と同じ重要性があると考える。機能別の役割が認められる。

③**マーケティングは他より重要**：住民ニーズの多様化や要求が高まると，行政内部だけで考える政策・公共サービスでは受容されなくなる。すると住民に接するマーケティング機能の役割が注目され，マーケティングは，他の機能よりも重要な機能と認識されるようになる。

④**マーケティングは中心機能である**：さらに住民ニーズが複雑化し他との競争が激化すると，住民と接するマーケティングが中心的な役割を果たすべきとの声が強くなる。マーケティングが中心機能で，その他の機能はマーケティングを支援すると考える。

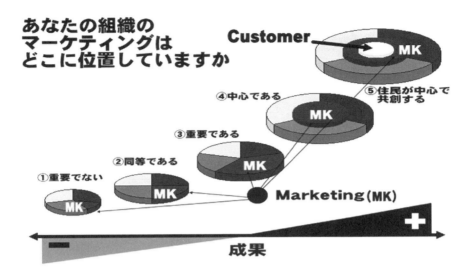

◆これからの役割：⑤住民が中心でマーケティングで住民と共創する

　加えて住民ニーズが高度化すると，マーケティングも重要であるが，組織の外にいる住民が一番重要であるといった，住民中心の考え方が一般的になります。行政組織の活動の中心には住民が位置づけられます。

　それは，住民をマーケティング活動における主役プレーヤーとし，政策や公共サービスの提案における住民との協働による価値共創（Co-creation）が，行政自らの存在を確実なものにする時代の到来です。政策や公共サービスを「行政が提供する時代」から，マーケティング3.0である「住民と行政が共創する時代」への転換です。それを住民主体の地域経営やマネジメントが支えます。

　しかし現在の行政の多くは①か②の段階です。環境変化は行政に，一気に⑤住民中心の協働による「共創の時代」での活躍を求めていますが，このギャップが現在の低迷と成果不足の要因です。

　行政組織で住民と接するのはマーケティングしかありません。マーケティングが重要でないとしたら，それは住民との接触を断つことを意味します。行政組織は社会の一つの機関です。住民と社会との接触を忘れたら，あなたと組織はその役割を失います。マーケティングを組織内に正しく位置づけます。

4 これが住民に高く評価される公務員の日々の業務姿勢です

志向

学習のポイント

変化に対応するマーケティングに不可欠なことは，基本的な考え方がブレないことです。ブレは環境対応の軸と顧客である住民の信頼に影響します。コトラーは，「マーケティング志向」が習い性になるまで徹底すべきとします。

1. 内（組織）から考えるマーケティング志向とは（×）

マーケティング概念は社会経済の変化と共に更新され，企業は，生産者志向→製品志向→販売志向→マーケティング志向へと，顧客に向けて志向を引き上げてきました。この発展段階は，下記のように行政の場合でも同じです。下位の志向であれば，住民と社会から乖離しており，そのギャップが社会の沈滞を引き起こしています。上位志向への更新が必要です（右図参照）。

（1）供給志向の行政マーケティング

「住民は公共サービスを必要とする」といった旧説に基づいた行政活動です。高度成長期の需要が供給を上回っている場合に行われます。作れるものを提供します。現在ではまったく意義のない供給志向のマーケティング活動です。

（2）政策志向の行政マーケティング

「住民は大きい施設，歳出規模の拡大を歓迎する」といった化石のような仮説に基づいた行政活動です。バブル崩壊のように需要ピークの前後の時期に行われます。関心は施設や政策の規模に向けられます。以前よりも，隣接自治体よりも大きい施設を作れば住民は喜ぶと思い込み，コストを無視した政策の施行が行われます。浪費です。大きなムダが発生するマーケティング活動です。新国立競技場建設問題のように，現在でもこの志向は残っています。

住民志向でなければ成果はありません

	仮説	成果
住民志向のマーケティング（外から内へ）	仮説:住民は必要なものなら自然と受容する ー住民が必要とするものを提案ー	成果実現
販売志向のマーケティング（内から外へ）	仮説:住民は特典をつければ受け入れる ー行政が説得できるものを提供ー	成果不足
政策志向のマーケティング	仮説:住民は大きい施設を歓迎する ー行政が良いと判断したものを提供ー	
供給志向のマーケティング	仮説:住民は公共サービスを必要とする ー行政が作れるものを提供ー	成果なし

(3) 販売志向の行政マーケティング

「特典をつけて説得すれば住民は受け入れる」という身勝手な仮説に基づいた行政活動です。政策が失敗した後の「景気対策」で出現します。様々な補助金制度を用意した，報道機関を活用した売り込みが行われます。しかし行政のマーケティング改革が伴わない，住民ニーズの反映が不足する特典付きの政策は，次々と失敗します。これが現在の公的組織の借金増を招いています。

2. 外（住民）から考えるマーケティング志向とは（○）

◆勝手に住民生活を変えようとした行政

「供給志向」「政策志向」「販売志向」の共通の特徴は，社会問題解決のための自らの行動を，「提供側」の視点から見ていることにあります。「供給志向」は自分が作れるものを，「政策志向」は自分が良いと判断するものを，「販売志向」は自分が得だと思うものを提供することが有効と考えます。こうした行政

組織は，自分たちができることにあわせて，顧客である「住民（国民）生活を変えよう」としていました。成果はなく多くが浪費になりました。

そこで一部の行政組織が，「政策と公共サービスは，住民が生活向上のために自助的に使用しなければ意義を失う。自分たちが何を提供すべきかを考える前に，組織の外の住民が何を望んでいるかを把握しなければならない。政策形成は行政からではなく，外の住民から見ることで，住民ニーズを反映させることができる」といった当たり前のことに気がつきます。これが住民側の視点から考える「外から内へ」のマーケティング活動への転換です。これ以降が住民志向のマーケティング，さらに社会貢献を重視する社会志向の行政活動です。

◆提供志向（×）と住民志向（○）の比較（右図参照）

提供志向の行政は，いつも内（庁内）から外（住民）へという発想で，政策を考えます。発想の基点が庁内にあることから，自分たちが関心のある課題，自分たちができる課題が目に入ります。政策内容は前例型になり，何人参加したといった，成果明示が容易なアウトプットを達成する内容になります。

コスト意識が希薄ですから，参加者を確保するために予算規模は年々大きくなります。大規模に実施されることから「数」は増えますが，住民の自助的な行動による生活の向上といった行政組織本来の成果は消失気味で，参加者の依存心だけが増幅します。成果はなく社会は次第に活力を失い沈滞します。

これに対して住民志向の行政は，外（住民）から内（庁内）へといった発想で政策を考えます。発想の起点は常に住民と社会の課題です。政策の対象とすべき住民を明確に設定し，そのニーズ（必要）やウォンツ（欲求）を明らかにすることからスタートします。

目標が住民満足ですから，期待以上の提案が必要になります。住民環境に関する深い洞察が求められます。住民以上に住民を理解し，その対応には創造力が必要になります。把握したニーズとウォンツを充足させるための政策を共創的に立案し，住民の自発的な行動から生じる住民満足の実現に関係するすべての行政活動をマネジメントします。住民の自助的活動が高まり拡がります。実

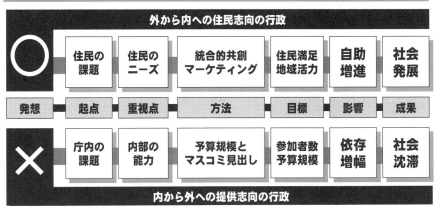

施後の成果を評価し継続的な改善を続けます。住民満足の実現を通じて，組織の目的，目標を達成し社会に貢献します。

　成功して住民支持を獲得できる行政組織と，失敗して住民支持を失う行政組織の違いは，住民から考える住民志向の徹底にあります。行政活動の成果は，行政が決めることではなく住民や社会が決めることです。当たり前のことです。政策内容が良ければ，住民も認めるといった傲慢発想は厳禁です。

◆行政の成功に向けたコトラーの助言

　コトラーはマーケティングで成功するうえで特に重要なのは，「常に住民ニーズに焦点を当てる」「すべての行動の中心に住民を置く」「評価は住民の観点から行う」というマーケティング哲学を構築し，習い性になるまで徹底することであると力説[1]します。

　続けてコトラーは，「マーケティングは私たちの日々の生活に深く影響を及ぼしている。組織の成功に不可欠な要素となりつつある。優れたマーケティングは偶然に産まれるものではない。念入りな計画と実行のたまもの」[2]としてマーケティングの方法論を提示します。つまり，マーケティングとは考え方であり，体系的，実践的なものであり，住民が評価する成果に結びつくことです。

5 マーケティング体系の内容は 分析仮説➡基本戦略➡MM戦略です

体系

学習のポイント

マーケティングの定義,マーケティング志向の重要性などが理解できれば,いよいよマーケティング体系の学習です。マーケティング体系は,政策の策定と組織活動のすべてに適用できます。まず体系の全体像を把握します。

1. 行政マーケティング体系の適用範囲

コトラーはマーケティングを「本物の住民価値を産み出す技術,同時に住民の生活向上を支援する技術」[1]と語ります。技術ですから,真摯な考え方と正しい手順で,普通の人誰もが,住民起点で独自性のあるマーケティング計画を策定し,成果を手にすることができます。

そのマーケティングの考え方と体系(右図参照)は,地域像→分野→政策→施策→事業の政策系と,全庁戦略,各部署の戦略といった組織系に適用します。

そこで本節で,マーケティング体系の基本型を政策系への適用を想定して説明し,その後に,その体系を政策系である総合計画に適用する方法と,総合計画の展開を担う組織系である全庁や各部署の計画に適用する方法を紹介します。

2. 行政マーケティング体系の基本型と概要

行政マーケティングの基本的な体系は,(1)行政マーケティング分析と政策課題の決定(R),(2)行政マーケティング基本戦略の策定と政策・公共サービスのコンセプトの創造(D-G-3S-STP-C),(3)行政マーケティング・ミックス戦略の展開(MM-D-CA)で構成します。政策系への適用では,地域像実

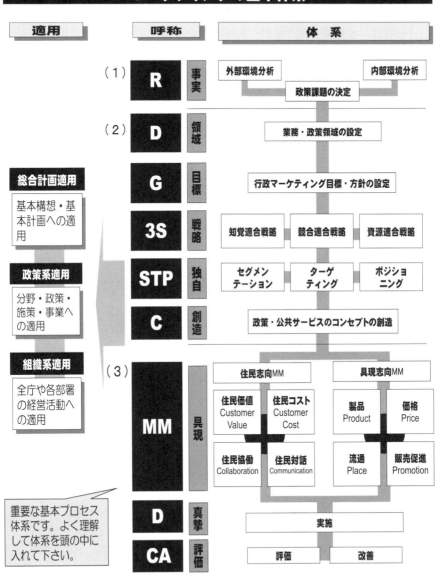

現の総合計画を筆頭に，分野別，政策別，施策別，事業別に適用し計画を作成します。

(1) 行政マーケティング分析と政策課題の決定：3章

最初は，対象になる産業政策や福祉政策に関する内外の環境変化についての把握と，そこから抽出できる政策課題案に対する戦略的仮説の構築と政策課題の決定です（R：Research）。

外部環境分析は，マクロ環境分析とミクロ環境分析で行います。マクロ環境分析は，PEST分析（政治：Politial, 経済：Economic, 社会：Social, 技術：Technology），ミクロ環境分析は，4C分析（地域社会：Community, 住民：Customer, 協働：Collaboration, 競争：Competition）を使用します。分析対象に関する「機会と脅威」についての重要事項を把握します。

内部環境分析は，内部分析と業績分析で行います。内部分析は経営モデルによる組織分析，業績分析は現在と将来の歳入・歳出の動向を確認し，問題の重要性や緊急度を確認します。分析対象に関する「強みと弱み」についての重要事項を把握します。

以上の内外の環境分析から把握した「機会と脅威」「強みと弱み」に関する重要事項を，SWOT分析手法を活用して，政策目標の達成に貢献する政策課題案として，「①積極的戦略，②段階的戦略，③差別化戦略，④撤退戦略」別に抽出します。

政策課題案の集約と体系化，優先評価を通じて，優先順位の高い政策課題案に，仮説としての課題解決方向を構想します。戦略的仮説が評価できるものであれば，政策課題として決定します。否であれば保留し，次の政策課題案を検討します。ここは政策形成プロセスの政策課題の設定に該当します。

(2) 行政マーケティング基本戦略の策定と政策コンセプトの創造：4章

最初は，政策課題の具体化である行政マーケティング基本戦略の策定です。政策形成プロセスの政策の立案・決定に該当します。上位政策の目標と方針を前提に，①業務・政策領域の設定（Domain），②行政マーケティング目標・方針の設定（Goal），③行政マーケティング戦略の構築（3Strategy）で構成し

ます。

　後の政策・公共サービスのコンセプトの創造は，④セグメンテーション（Segmentation），ターゲティング（Targeting），ポジショニング（Positioning），政策コンセプト（Concept）を通じた対応策の創造です。STP-Cは各要素の関連が強いことから，相互の調整をしながら検討します。

　分野→政策→施策→事業の各段階で，それぞれが対象とする住民層に対して，例えば，分野，政策，施策，事業のそれぞれに，住民ニーズに適合した独自性に富んだ各コンセプトを策定します。

　各段階とも，住民に最適な政策・公共サービスを提供する意図は同じですが，政策体系が分野から事業といった住民に近くなるほど住民像が鮮明になり，マーケティング内容は具体的になります。

(3) 行政マーケティング・ミックス戦略の展開：5章

　行政マーケティング基本戦略と政策・公共サービスのコンセプトを策定した後は，目標と方針，戦略方向に基づいて，政策・公共サービスのコンセプト（C）の具現化である行政マーケティング・ミックス戦略（MM）を作成します。政策形成プロセスでは，政策の立案・決定に該当します。

　住民志向の4C（住民価値：CustomerValue，住民コスト：CustomerCost，住民協働：Collaboration，住民対話：Communication）を中心として，具現志向の4P（政策・公共サービス，価格，流通，販売促進）も活用してコンセプトを具現化します。

　各個別戦略は，行政マーケティング基本戦略に基づいて，個別戦略内はもちろんのこと各個別戦略間の関係を調整・統合し，最適なミックス戦略となるように編成します。編成後は，実施（D）と評価・改善（CA）によるPDCAサイクルの徹底です。

　以上が行政マーケティングの基本体系です。これを活用して分野，政策，施策，事業に関する政策系のマーケティング計画を策定します。

6 総合計画，基本計画にマーケティング体系を適用します

学習のポイント

マーケティングは住民に関する機能ですから，政策系や組織系の多くの領域に関与します。ここでは，政策系である地域のあり方とビジョンを設定する総合計画の策定への適用を学習します。

1. マーケティングの適用領域を把握する

マーケティングは，住民ニーズに接する唯一の経営機能ですから，組織活動のあらゆる言動に関係します（p.58参照）。大別すると，地域最上の計画（総合計画など）への適用を中心にした政策系とそれを担う組織系への適用になります。

順序としては，最初に政策系の総合計画を，住民と協働しながら組織全体で策定します。その後の総合計画の展開は，各部署が組織階層に応じて計画を担当し，それぞれの目標達成をめざします。そこで本節で，①総合計画の策定でのマーケティング適用を考え，次節で，組織階層が担う②総合計画の展開に関するマーケティング適用を明らかにします（下図参照）。

適用対象

①政策系：総合計画の策定にマーケティングを適用
 ・基本構想の策定と基本計画の策定への適用
②組織系：総合計画の展開を担う組織活動にマーケティングを適用
 ・全庁の地域像実現のための全庁経営計画に適用
 ・部の分野（福祉）目標達成のための経営計画に適用
 ・課の政策（健康）目標達成のための経営計画に適用
 ・係の施策（保健）目標達成のための計画に適用
 ・担当の事業（相談）目標達成のための計画に適用

2. 総合計画策定へのマーケティング適用

◆総合計画の意義とマーケティングの役割

　マーケティングの最初の適用領域は，地域最上の計画である①総合計画の策定です。行政は基本構想→基本計画→実施計画といった「計画」で仕事をします。よって最上位の計画策定からマーケティングを適用します。

　これにより，住民生活の向上に地域の総力を結集する「住民志向」，競合に対応する「独自性の発揮」，地域活力を喚起する「地域資源の活用」といった，マーケティング原則を踏まえた，地域全体が参画協働する地域計画の策定になります。それは「地域発展のコンセプト」の創造です。

　内容は，①地域社会の安定と発展に関する基本的な考え方，②考え方を形にするビジョンとしての地域の将来像，③その達成度合を判断する目標，④それを実現する政策体系です。これにそれを担う地域協働の仕組みを考え，長期にわたる税金投入のエビデンス（証拠・根拠）を明らかにします。

◆基本構想の策定にマーケティングを適用する（次ページ図参照）

　総合計画の一般的な構成は，基本構想と基本計画です。基本構想は，住民の生活の場である地域のあるべき姿と，その実現に貢献する関係者の取組姿勢と活動方向を明示したものです。地域活動に対して下記の役割を果たします。

①**目的の役割**：基本構想の目的や策定意義・役割を明らかにして，地域の安定と発展に資する総合計画の目的を明示する。

②**目標の役割**：実現すべき地域の将来像（社会像）とその達成を評価するKGI（Key Goal Indicator：重要目標達成指標）を設定し，総合計画の全体目標を明示する。

③**方針の役割**：目的と目標を実現する計画の大綱を明らかにし，目的と目標の達成に向けた総合計画の取組体系を明示する。

　これにより，下記の効果が期待できます。

①**住民活力の結集**：目的や目標，方針が明らかになることで，地域像の実現

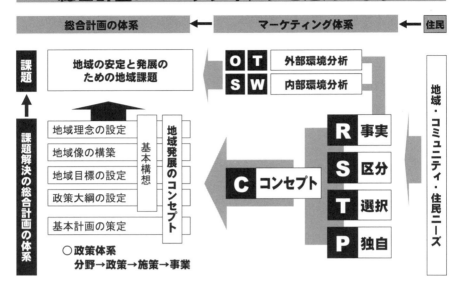

に向けて住民活力を喚起し結集することが可能になる。
②**優位性の確保**：独自で魅力的な地域像を掲げることで，他地域との優位性（地域のブランド化）を確保することができる。
③**安定と成長の両立**：都市基盤，雇用，産業，教育，福祉，文化などの住民生活の安定に必要な分野別と，分野を横断した成長に向けた取組が必要な課題別の計画大綱により，総合計画に関する諸活動が，地域の安定と発展の方向性のもとで統合的に推進できるようになる。人口減少の克服と地方創生に集中した地方版総合戦略の内容なども，横断的課題への対応として位置づけができる。

【マーケティング適用の手順】

基本構想の標準的な内容である，①基本理念，②地域の将来像，③成果を示す目標，④それを実現する政策大綱の策定に，マーケティング体系の代表的なプロセスであるR-STP-Cを適用します（上図参照）。

地域を取り巻く内外の環境分析（R）とSWOT分析を活用して，地域の現

状と課題を明らかにし，課題解決のための基本構想を考えます。住民を細分化（S）して，構想に対する住民各層のニーズを把握します。把握した各層の住民ニーズから，重点住民と全住民共通の主要ニーズを抽出（T）し，それを他との優位性実現（P）を考えながら，地域像実現のための基本構想（C）の内容を策定します。

◆基本計画の策定にマーケティングを適用する

基本計画は，基本構想の地域将来像の実現を可能にする，福祉や教育といった分野別政策内容と施策概要，地域社会の横断的課題別政策内容と施策概要を，統合的，体系的に定めたものです。下記の役割があります。

①**安定した住民生活の実現**：分野別の目標を達成する政策を，各分野のビジョンに基づいて検討策定することで，安定した住民生活を実現する。

②**発展する地域社会の実現**：課題別の目標を達成する政策を検討策定することで，地域の社会経済課題の解決を通じて，地域社会の発展を可能にする。

【マーケティング適用の手順】

基本計画の標準的な政策体系である分野別と課題別の政策→施策の策定においても，R-STP-Cを活用します。環境分析（R）を実施して，分野別，課題別に現状と課題を明らかにし，福祉や経済などの分野別，協働や創生などの課題別の目標の実現に必要な政策構成をそれぞれ策定します。

それは，各政策が対象とする住民の細分化（S）→重点対象とする住民の設定（T）→他との優位性実現（P）→設定した住民ニーズへの政策構想（C）を考え，その実現のための施策構成（MM）の立案です。個々の施策については，現状と課題，実現すべき目標，課題解決の方向性と概要を明らかにします。ここでも，R-STP-Cを活用します。策定内容を基本計画に記載します。

これにより，基本計画が，分野別と課題別の目標の達成を通じて地域像の実現に貢献するより妥当な計画であることを，住民に明示，提案することができます。住民起点で地域の独自性を活かした基本計画になります。

7 首長，部長，課長，担当者すべてがマーケティング体系を必要とします

学習のポイント

総合計画の展開は組織系である行政組織全体で取り組みます。よってマーケティング体系は，行政組織で働く職員すべてに必要になります。住民起点の行政とは，首長から担当者までのすべてが，マーケティングを実践することです。

1. 組織系への適用：マーケティングは組織活動のすべてに適用

◆行政経営における6つのマネジメント

総合計画の策定と展開において，行政がその役割を十分に発揮するには，社会，コミュニティ，住民のニーズに対応し，地域社会の安定と発展に貢献できる組織能力が必要です。

この組織能力が経営（マネジメント）力であり，マーケティングは成果に直結する機能として，その中核に位置づけられます。マーケティングなくして組織の成果産出の根拠はなく，行政組織は福祉の知識をもった人の群れになり，総合計画を担う資格は失われます。行政には経営力が必要であり，それをドラッカーのマネジメント論，コトラーのマーケティング論，ポーターの「価値連鎖」を参考にして検討すると，右記のような経営モデルになります。使命と住民価値の創造の仕組み，戦略と人材・情報，そして成果・財務・住民満足との関連を明らかにした行政の経営力の体系です。

◆行政経営におけるマーケティングの役割

経営モデルは6つのマネジメントで構成します。マーケティングは，経営モデルの成果に直結する「②住民マネジメントと④価値マネジメント」を担う機

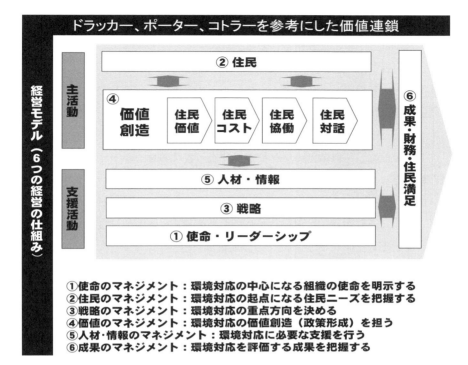

能です。住民と接して価値を創造する機能であることから、下記のように他のマネジメントに関与し協働することで価値創造に貢献します。

(1)【①使命マネジメントとの関連】

組織は社会の機関です。社会に貢献することが使命です。組織活動はすべて住民や社会から考えます。マーケティングが外の情報を伝え組織の変革を促します。組織の変革に責任のある首長にはマーケティングが不可欠です。

(2)【③戦略マネジメントとの関連】

戦略の本質は、社会の安定と発展の実現に向けた行動の選択です。マーケティングが、意義のある社会機会を掘り起こし、選択に必要な情報を提供します。意思決定をする人だれにもマーケティングが必要です。

(3)【⑤人材マネジメントとの関連】

マーケティングは、環境対応に必要な能力要因を提示し、人材育成に有効な

情報を提供します。これにより，住民志向の人材育成とその実践が可能になります。人事部といった支援組織にもマーケティングが必要です。

(4)【②住民マネジメントと④価値マネジメントとの関連】

最後は，政策担当者や各部署が，住民ニーズを把握し目標を達成できる政策を策定する政策形成へのマーケティング適用です。これにより，住民ニーズが反映された独自性のある政策が実現できます。

以上のように，組織活動のすべてが，住民と接するマーケティングからの情報を起点として行動し，⑥成果・財務・住民満足の向上に結びつきます。コトラーは，「マーケティングは，市場と行動に影響を及ぼす有効で理にかなった技法であり，それが適切に用いられれば，必ず社会におおいに役に立つものになる。なぜなら，マーケティングの大前提は，住民のニーズと欲求に応えることだから」[1]とします。行政組織には，マーケティングは不可欠です。

2. 組織階層におけるマーケティングの適用

行政組織は，総合計画の政策体系（地域像→分野→政策→施策→事業）に応じた経営計画を策定し，複数の組織階層で分担して実行します。

各組織階層は，政策体系から下記のように，全庁は地域像を→各部は分野を→各課は政策を→各係は施策を→各担当は事業を担当します。環境分析から組織のあり方までに，住民・社会と接するマーケティングを活用し，成果実現をめざします。下記のように，組織の計画を担う首長，部長，課長，係長，担当者すべてに，マーケティングの理解と実践が必要になります（右図参照）。

組織系への適用	
①全庁（地域像）の経営計画にマーケティングを適用	：首長担当
②部（分野）の経営計画にマーケティングを適用	：部長担当
③課（政策）の経営計画にマーケティングを適用	：課長担当
④係（施策）の計画にマーケティングを適用	：係長担当
⑤職員（事業）の計画にマーケティングを適用	：職員担当

地域創造におけるマーケティングの役割							
	総合計画体系		地域像	分野	政策	施策	事業
	対象住民		全住民	産業	観光業	経営者	個別住民
	所管組織 （リーダー）		全庁	部	課	係	担当
分析	環境分析		機会・脅威への対応				
	内部分析		強み・弱みへの対応				
	課題決定		戦略的仮説の構築				
理念	使命		全庁使命	部使命	課使命	室の役割	業務目標
	領域定義		全庁領域	部領域	課領域		
	ビジョン		組織ビジョン	組織ビジョン			
経営戦略	経営目標・方針		………	………	………	………	………
	構成戦略		分野構成	政策構成	施策構成	事業構成	事業計画
	機能別・部署別		機能部別	機能課別	機能係別	機能担別	機能事別
機能別戦略	マーケティング	分析・課題	内外の環境分析と課題に関する戦略的仮説の構築				
		領域	政策系が対象：政策から事業までの各政策範囲				
		MK目標 方針 戦略	………	………	………	………	………
		ターゲティング	全住民	分野住民	政策住民	施策住民	個別住民
		ポジショニング	地域独自	分野独自	政策独自	施策独自	事業独自
		コンセプト	地域構想	分野構想	政策構想	施策構想	事業構想
		4C 住民価値	住民にとっての価値の向上				
		住民コスト	住民の犠牲・障壁・コストの最適化				
		住民協働	協働による共創の拡大				
		住民対話	対話による社会行動の促進				
	人材育成		住民起点の人材育成と自己実現				
	情報				事実の把握と成功事例の共有		
	組織		協働による共創と自由闊達な風土				

◆市長の場合：全庁段階（地域像の実現）でのマーケティングの適用

　　　　　全庁段階では，組織の理念，全庁戦略，全庁機能別戦略と部別戦略を
　　　　　決定します。これにより，地域像の実現と各部が計画を立案し実践す
るうえで必要な指針を提供します。首長はマーケティングを活用してこの役割
を果たします（次ページ図参照）。

STEP①：【分析】内外の環境分析と課題の決定

　全庁としての内外の環境分析を実施し，機会・脅威，強み・弱みの把握とSWOT分析を通じて，全庁として取り組むべき課題を決定します。

STEP②：【理念】理念（基本的な考え方）の明示（下図参照）

　理念の最初は①使命の明示です。それは，行政組織は何に貢献するために存在するのかといった，組織活動のすべてに関する基本的な考え方の明示です。これにより，先の経営モデル（p.59図参照）における組織活動が，意義のある一貫したものになります。以下の3つの視点から使命を検討します。

　　ⅰ住民：なすべきことである。使命とは組織がやりたいことではない。住民
　　　が必要とし欲することである。住民が何を求めているかを把握する。
　　ⅱ責務：やるべきことである。使命とは首長として公務員としてやるべきことである。住民に貢献できるか，信頼を得られるか，責任を果たせるかである。
　　ⅲ能力：できるべきことである。機会に，自分たちの強みを活用できるかである。世の中を変えるには，卓越した強みが必要である。

　次は②業務領域の設定です。組織活動の範囲を示すもので，ⅰ組織の対象住民と主要ニーズ，それに対応してⅱ提案する価値，これらを実現するのに必要なⅲ能力資源の観点から検討します。業務領域を明確にすることで，組織活動やマーケティング活動の範囲と方向が明確になります（設定方法はp.114参

照)。

　最後が組織ビジョンの策定です。使命は，普遍性の高い規範的なものです。これを実行に結びつけるには，特定の方向づけが必要です。この役割を果すのが組織ビジョンです。将来の特定時点での組織像を明らかにし，改革を通じてそれを実現する計画です。内容は，ⅰ経営のあり方，ⅱ職場のあり方，ⅲ行動のあり方で構成します。これにより，使命に基づいた諸行政活動を実行できる組織像に向けた具体的な行動が実現します。

STEP③：【**経営戦略①**】全庁経営戦略（地域像の実現と分野構成が対象）の策定

　全庁経営戦略とは，基本構想の地域像とそれを担える行政組織を具体化する組織全体の戦略計画です。基本計画の内容と組織ビジョンに関する課題の実現を計画します。全住民を対象にした地域像の実現をめざして，経営目標・方針の設定，経営目標達成のための分野構成・方針を決定します。

　分野構成と分野方針の決定には，ポートフォリオ分析やSTP-Cプロセスを活用します。例えば，全庁としての住民ニーズの重点化（ターゲティング）は適切か，地域像実現のための分野構成の独自性に問題はないか（ポジショニング），各分野内容のコンセプトは妥当か，全庁4Cは機能しているかを確認します。

首長の場合：全庁段階へのーケティング適用			
	総合計画体系		地域像
	対象住民		全住民
	所管組織		全庁
分析	環境分析		機会・脅威
	内部分析		強み・弱み
	課題決定		SWOT分析
理念	使命		全庁使命
	領域定義		全庁領域
	ビジョン		組織ビジョン
経営戦略	経営目標・方針		……
	構成戦略		分野構成
	機能別・部署別		機能部別
機能別戦略	マーケティング	分析・課題	swot分析
		領域	……
		MK目標・方針・戦略	……
		ターゲティング	全住民
		ポジショニング	地域独自
		コンセプト	地域構想
		4C　住民価値	価値創造
		住民コスト	価値資源
		住民協働	価値共創
		住民対話	価値共有
	人材育成		……
	情報		……
	組織		……

STEP④：【経営戦略②】全庁機能別・部別戦略の策定

　後は経営戦略の実現に必要な全庁の機能別（マーケティング，人材育成，情報，組織，財務），部別戦略に関する重点事項を明らかにします。

　検討の結果は「全庁版経営計画シート」に記入します（上図参照）。内外の環境分析を通じて把握した機会・脅威，強み・弱み，住民ニーズ，SWOT分析を活用して決定した全庁政策課題を，(1)(2)の各欄に記入します。

　地域像の実現をめざして，全庁経営目標と方針を(3)の各欄に記入します。(4)全庁分野構成戦略には，各分野の進捗内容，優先順位を考え，例えば「産業分野の重点強化」「健康福祉分野の拡大」など，実施すべき重点方向を記入します。(5)全庁機能別戦略には，分野構成戦略を推進する上で必要なマーケティングや人材といった全庁の経営機能に関する戦略を記載します。(6)全庁部別戦略には，各部の取組についての全庁方針を明記します。

◆部長の場合：部段階（分野目標の達成）でのマーケティングの適用

　部段階では，全庁の取組と関連して，部の理念，部戦略，部機能別と課別戦略を決定します。部長は住民起点のマーケティングを活用してこの役割を担います。設定の手順は全庁の場合と同様です。

STEP①：【分析】内外の環境分析と政策課題の決定

　部としての内外の環境分析を実施し，機会・脅威，強み・弱みの把握とSWOT分析を通じて，部として取り組むべき政策課題を決定します。

STEP②：【理念】使命と業務領域，組織ビジョンの設定

　行政の活動領域は，福祉から監査までと広範囲であり特性も分野で異なることから，各部（産業部，福祉部，総務部など）にも，活動領域の特性に即した使命と業務領域，組織ビジョンの設定が有効です。設定は全庁での手順（p.62参照）を活用します。

STEP③：【経営戦略①】部経営戦略の策定（分野目標と政策構成が対象）

　地域像を実現する産業や福祉といった分野構成は全庁で，その産業分野を構成する政策編成は，部が担当します。各部では全庁戦略の全庁経営目標・方針をうけて，部の経営戦略とそれを実現するマーケティング戦略を含めた機能別，課別戦略計画を策定し，分野目標の達成に責任をもちます。

　①全庁方針に基づいた部目標・方針と設定：各部は，政策課題を決定した後，課題解決のために，部への重点ニーズを確認し，担当分野に対する全庁方針に従い，部経営目標・方針を設定する。

　②部目標実現のための政策構成と政策方針の決定：部への住民ニーズ（ターゲティング）の確認，政策構成の独自性（ポジショニング）やコンセプトを検討し，新設統廃合を含む最適な政策構成と方針を決定する。

　例えば，産業部は全庁の分野構成における「産業分野の重点強化」をうけて，内外の環境分析の結果を検討し，産業分野の業務領域である農林水産（課），工業（課），観光（課）の中で，「観光業の復活による産業分野の活性化」を重点とする部目標と方針を設定します。その後，目標達成のために観光（課）を重点領域にした政策構成を考え，各政策の重点方針を明示します。

STEP④：【経営戦略②】部機能別，課別戦略の策定

　後は，政策を実施するに必要なマーケティングも含めた部の機能別と課別の戦略を検討し，評価指標を設定して部の経営計画書として完成します。

◆課長の場合：課段階（政策目標の達成）でのマーケティング適用

　　　部の政策構成をうけて，各政策を構成する施策構成は各課が担当し，政策の成果に責任をもちます。課長はマーケティングを活用して，この役割を果たします。理念の設定は必要に応じて検討します。

　内外の環境分析により政策課題を決定し，部方針に従い，課の経営戦略である課目標・方針を設定し，戦略方向を決定します。次に，施策の新設統廃合を含む最適な施策構成を計画します。例えば，観光課は，所管する政策領域を対象に環境分析を行い政策課題を明らかにします。部方針の「観光業の復活による産業分野の活性化」をうけて，所管の政策の目標を検討します。観光政策の施策領域である交流（係），経営（係），施設（係）の中で，「観光業経営力強化」を重点とする課目標と方針を設定します。

　各施策への住民ニーズ，独自性（ポジショニング），対応能力を検討して，経営力強化（係）を重点領域にした施策構成を考え，各施策の重点方針を明示します。後は，施策を実施するに必要な課の機能別・係別戦略を検討し，その評価指標を設定して課の経営計画書として完成します。

◆係長の場合：係段階（施策目標の達成）でのマーケティング適用

　　　政策目標を実現する施策編成は課で対応するとすれば，施策を構成する事業編成は係が担当し，施策の成果に責任をもちます。環境分析から始まる計画の策定は，課長の場合の「施策」が「事業」に置き換わるだけで同じです。課方針の「観光業経営力強化」をうけて，所管の施策の目標を検討します。施策の事業領域であるマーケティング，人材，資金の中で，「マーケティング力支援による経営力強化」を重点とする係目標を設定します。マーケティング事業を重点領域とした事業構成を考え，各事業の重点方針を明示しま

す。この後は課の場合と同じです。係の経営計画書として完成します。

◆担当の場合：担当（事業目標の達成）でのマーケティング適用

　担当者は，係目標と方針に基づいて担当する「マーケティング力支援事業」に関する事業計画を策定し，事業の成果に責任をもちます。事業に関する内外の環境分析を行い，事業の現状を把握します。SWOT分析を活用して事業課題を抽出し，戦略的事業仮説を構想し事業内容の策定に入ります。自らの業務目標を念頭に，事業の目標と方針を設定し，独自性を活かした戦略方向で，「マーケティング力支援事業」に関する事業計画の作成を行います。対象をセグメンテーションし，そこから事業対象の住民を選択してニーズとウォンツを把握します（ターゲティング）。ポジショニングで潜在ニーズを追求し，独自性のある事業コンセプトを考えます。

事業コンセプトは4C戦略で具体化します。住民価値戦略が中心です。いくつかの事業を組み合わせて事業・公共サービスにします。さらに住民コスト戦略で事業利用の利便性の向上と内容充実のための有効な予算活用を計画します。住民協働戦略で地元諸団体の参画をもとめ共創的な事業展開を計画します。住民対話戦略で対象者と関係者に対する双方向の情報交流を計画します。

この際，住民ニーズ対応と独自性発揮の観点から，徹底して地域の特徴を活用した計画内容を考えます。過去や他事例と同じような事業・公共サービスを提案しているだけでは，地域活力を向上させる住民の自助的活動が実現されません。現場職員の上位目標と方針に基づいた，マーケティング戦略の体系を活用した住民本位で独自性に富んだ取組を徹底します。

8 組織を編成してPDCAで実施・評価・改善します

学習のポイント

計画が策定できれば組織体制を見直し，計画の実施ではPDCAサイクルを活用します。設定した目標の達成をめざして政策・公共サービスを提案し，その成果を評価し，必要に応じて改善を実施し次の計画につなげます。

1. 行政マーケティング組織の構築と評価

◆マーケティング組織の類型

マーケティング戦略の実行には，それに適合した組織体制が必要です。コトラーは，組織には，①組織内の自由度を高め組織内創業を促進する，②階層を削減し住民との距離を縮めることが，常に求められるとします[1]。

マーケティング組織の基本型は下記のような類型があります。機能別組織は，調査，政策開発，協働，コミュニケーションといった機能別単位で編成する組織です。分業と協働により成果を高めることをねらいとします。政策・公共サービス別や地域別組織は，公共サービスや地域にフィットしたマーケティングを展開するための組織です。社会市場別は育児市場，介護市場といった住民の需要区分で対応する場合に採用される住民志向の組織です。このようにマーケティング組織は，その時に採用される戦略により変化しますが，住民志向の方向を重視します。

```
                        ┌─ 機能別マーケティング組織
  行政              ┌─┼─ 政策・公共サービス別マーケティング組織
  マーケティング  ◀─┤ ├─ 地域別マーケティング組織
  組織              └─┴─ 社会市場別マーケティング組織
```

◆マーケティング成果の評価を行う

　マーケティング体制の最後は，マーケティング活動の評価（C）と調整機能（A）の整備です。マーケティング活動が計画通り進んでいるかを評価し，もし問題があれば，問題の所在を明確にし，計画の目標を達成するように諸活動を調整します。測定指標の設定→指標の測定→差異分析→成果評価→是正措置といったプロセスになります。

　マーケティング計画が，外部対応で中心的役割を果すとしたら，マーケティング評価は，内部対応で重要な役割を果たします。組織が変化の激しい複雑化した環境に対応するには，その変化のスピードに対応できることが求められます。このためマーケティング情報システムを整備し，活動の状況や目標の達成度合，住民満足をすばやく把握し，内容の分析，成果の共有，必要に応じた是正・改善活動，その内容を次の計画に反映する仕組みが必要になります。この仕組みの一つにPDCAサイクルがあります。

2. PDCAサイクル

◆当たり前のマネジメントサイクル

　地方創生の総合戦略の手引きの中に，「明確なPDCAメカニズムの下に，短期・中期の数値目標を設定し，政策効果を客観的な指標により検証し，必要な改善等を行う」といった記述があります。この「PDCA」とは，Plan（計画：政策立案と計画，予算編成），Do（実施：政策・施策・事業の実施），Check（検証：成果の評価），Action（改善：政策・施策・事業の改善）の頭文字をとったものです。

　目標を達成できる計画を策定し，その計画に基づいて実施し，その計画に基づいて実施結果を評価し，不足や弱みは是正し成果や強みはさらに強化して目標達成を追求し，これらの取組内容を次の計画策定に反映することです。当たり前のマネジメントサイクルですが，形式的になり機能発揮が不十分になりがちな手法でもあります。

◆成功のポイントはマーケティング志向

　このPDCAのサイクルを機能させるポイントは，P（計画）の前提になる目標の設定にあります。PDCAが機能しない組織の多くは，組織能力にあわせて「できる目標」を設定します。機能している組織は，住民ニーズにあわせて「なすべき目標」を設定します。

　前者の場合は，現状能力で達成できる目標ですから，P（計画）を工夫する動機が薄れます。D（実施）の内容は前例的なものになり，それでも「できる目標」は達成されることから，C（検証）は意義を失い，A（改善）は形式的になります。こうして「できる目標」を設定する組織は，目標を達成しながら社会の変化から遠ざかり，地域の人口を減少させます。

　必要なのは後者の取組です。組織は社会の機関です。よって存続のためには，社会に貢献できる成果を産出しなければなりません。組織の目標を住民が要求するレベルにあわせます。目標は背伸びが必要な「なすべき目標」になります。計画（P）は意義あるものになり，組織とそこで働く人のモチベーションを刺激します。マーケティングとマネジメントを活用した挑戦的な計画が策定されます。実施（D）では，様々な工夫が行われ目標の達成に結びつきます。実施結果の検証（C）を適時に行い，改善活動（A）を通じて軌道の修正がなされ，同時に目標の達成可能性が高まります（下図参照）。

　PDCAサイクル自体は，仕事の流れに則したシンプルなサイクルです。そこで必要なことは，住民起点で目標を設定することです。このことが計画の価値を高め，意義あるPDCAサイクルの展開を実現します。まわす毎に人と組織が住民志向になります。その先に成果が待ち構えています。

3章 マーケティング分析編

行政マーケティング分析と政策課題の決定

M市のマーケティング改革 （3）課題把握

我々の街の主要産業とは
役所，農協，社協，特養，病院，JR，郵便局，信金，NPOです

（マーケティング導入検討会3：経営企画部）

◆首長・職員とマーケティングの関係
部長：政策にはエビデンス（根拠）が必要です

部　長：我々は，総合計画の策定，毎年の予算編成，日常の行政活動で，地域のため，市民のためを常に枕詞にして発言してきました。しかし，市民の方から，その背景にしっかりとしたマーケティングの考え方と体系があったかと問われると，曖昧な回答になります。マーケティングがない政策や組織活動では，社会に貢献できるエビデンス（根拠）はありません。「ローカルが日本を変える」ともいわれる現在では，職員すべてが，地域資源を掘り起こし耕すマーケティングを実践しなければなりません。

係　長：首長（地域像）のマーケティング，部長（分野）のマーケティング，課長（政策）や係長（施策）のマーケティング，そして主任・職員（事業）のマーケティングと，首長から職員すべてにマーケティングが必要なことが明白になりました。ドラッカーが，マーケティングを組織の基本機能としていた意味がようやく実感できました。

主　任：マーケティングのプロセスやフレームワークを活用することで，「漏れや重複のない」計画を策定することができます。後はそこに調査して把握した市民ニーズや自分のアイデアを反映させて，市民ニーズに適合した独自性のある事業に仕上げます。市民や地域に貢献できる事業が策定できるといった自信がもてることは嬉しいことです。予算要求書の書き方が変わります。政策研究の職員提案にも活用できます。

3章　マーケティング分析編　行政マーケティング分析と政策課題の決定

◆現実に対処するマーケティング
課長：規制や補助金に依存する組織に頼る官製的地域を見直します

課　長：地域に目を転じると，現在の市内は多少の明るい兆しはあるものの，市の主要産業は，少数の企業を除けば，我々役
所，農協，社協，特養，各種病院，JR，郵便局，地銀と信金，NPOといった業種です。これらの業種に共通なことは，法令，規制，補助金などで成り立つ官製組織ということです。このままでは地域の活力が失われ未来がありません。

　庁内では，政策展開システムの構築や全員へのマーケティング研修の実施で，市民起点の改革が進められていますが，このスピードを早めなければなりません。

係　長：これらの業種を見ると，行政が規制や補助金による支援をすればするほど，地元産業は既得権や税金への依存を強めて，自立性を失っていくことになります。私たちは，政策内容をもっと市民の自助的な活動を実現する内容に高めなければなりません。そこで必要なのが私たち自身の改革です。これなしでは，現在の地方経済は保護政策一色になります。早晩，税金が枯渇します。

職　員：調査で訪問した人口増を実現しているN市の首長さんは，「街の発展には自然条件や歴史，地域産業のあり方などが影響する。しかしその不足を街衰退の理由にしている行政には，自己の経営力とマーケティング力に問題がある。全国各地には，より厳しい社会経済環境でも自己改革を通じて住民との協働を拡大し，地元の社会経済を活性化させている自治体が実在していることを忘れてはならない」とします。

◆地域再生の可能性はある

職員：成功のポイントは全庁でも個人でも取り組むことです

係　長：ある民間出身の知事さんは，基本的な政治姿勢を「マーケティングを重視し徹底する」とし，職員と共に，県庁のすべての業務において，県民の多様なニーズを的確に把握し，適時迅速にきめ細かな公共サービスを提案すると明言しています。

課　長：地域の創生やそれを担う行政へのマーケティング適用の必要性が高まっています。コトラーは街の創生についての著書である『地域のマーケティング』で，街の4つの危機を訴え，地域へのマーケティング適用を通じて再生を試みるべきとします（右図参照）。10の処方箋を明記していますが[(1)]，それは我々が推進しているマネジメント（経営）の考え方と体系，そして今回のマーケティングの考え方と体系が不可欠であることを示しています。福祉や法令の知識だけでは，街の衰退を止めることはできません。地域資源の総力を結集できるマーケティングが不可欠です。

職　員：T市の市長さんは，「マーケティングの適用が成功するには全庁的な体制が前提だが，職員個々がマーケティングを活用して「自分の仕事を変える」といった取組も必要である。職員が現場でマーケティングを活用して周囲を巻き込む動きが，全庁の体制とつながることで成果は一気に広がる。首長がマーケティングに疎い場合でも，職員の動きをみればその意義は理解でき採用には躊躇しない。必要なのは全庁でも個人でも取り組むことである」と助言してくれました。

係　長：私たちは，全庁としてのマーケティング適用の取組，個々職員の業務へのマーケティング適用の両方を支援しなければなりません。これには，マーケティング適用の明瞭な体系の構築が必要になります。そこで職員への説明用に，政策形成に行政マーケティング体系を適用する手順を策定しました（p.76図参照）。

主　任：政策形成の過程とマーケティング・プロセスの関連が，よく理解でき

コトラーが提言する危機のまちへの10個の対応策

自分たちの「まち」の資源・資産を もっと活用しなければならない。

Kotler

4つの危機		対応策		担当のマーケティング体系	
		対応策① 使命	「まち」使命の確立	分析	環境分析
		対応策② 戦略	「まち」戦略的計画の確立		内部分析
		対応策③ 市場	「まち」市場志向の採用		課題決定
急激な環境変化		対応策④ 価値	「まち」価値の創造	マーケティング基本戦略	私の業務目標
都市の荒廃		対応策⑤ 伝達	「まち」優位性の伝達		MK目標・方針
誘致競争の激化		対応策⑥ 経済	「まち」経済基盤の多様化		戦略
地域資源の枯渇		対応策⑦ 起業	「まち」起業家的体質の醸成		ターゲティング
		対応策⑧ 協働	「まち」民間活用の積極化		ポジショニング
		対応策⑨ 独自	「まち」独自の発展追求		事業コンセプト
		対応策⑩ 仕組	「まち」組織的仕組の構築	4C	住民価値
					住民コスト
					住民協働
					住民対話
				評価・改善	

これは公務員であるあなたの 住民のために「挑む」べきことです

政策形成へのマーケティング適用プロセス

3章 マーケティング分析編 行政マーケティング分析と政策課題の決定

図解

政策立案・決定

- 4章　STP−Cプロセスを実行する　STP
  - セグメンテーションの実施
  - ターゲティングの検討
  - ポジショニングの検討
  - 政策・公共サービスのコンセプトの創造　C
    - 独自性
    - 実現性
    - 適合性
  - 政策・公共サービスのコンセプトの創造

- 5章　行政4C戦略を活用する　MM
  - 住民価値戦略：コンセプトをカタチにする
  - 住民コスト戦略：コンセプトの価値を高める
  - 住民協働戦略：コンセプトを共創する
  - 住民対話戦略：コンセプトを共有する
  - 行政MM戦略の策定

政策実施・評価

- p.69　PDCAサイクルを活用する　PDCA
  - 住民志向
  - P：目標設定・構想決定・手順設定
  - D：工夫実施
  - C：事実把握・適時評価
  - A：改善歯止・次回反映
  - 行政マーケティング計画の実施

る図解です。これまで曖昧にしてきた，事実の把握，目標の設定，戦略的方向の明示，対象の明確化，独自性の追求，コンセプトの創造，体系的な実施，PDCAの活用の必要性を痛感します。

主　査：この図解に必要な説明をつけて，職員全員に配布しましょう。これで我々の課題解決には，市民ニーズ，独自性，地域や組織の特徴や強みが盛り込まれることになります。政策や施策・事業の成果が期待できます。市民生活の向上に貢献できます。

1 法令に準拠した政策はあくまで手段 最優先すべきは住民ニーズの実現です

学習のポイント

ここから，担当している政策や所管している組織に関するマーケティング計画の策定を考えますが，その前に確認しておくべき重要なことがあります。それは法令や条例と住民ニーズやウォンツとの関係です。

1. 重要なのは常に住民ニーズ

◆法令や条例はあくまで手段

法令や条例は，それだけでは住民が評価する価値にはなりません。それを住民ニーズに基づいて政策・公共サービスとして事業化し，住民に認識され活用され，住民の自助的活動に結びつくことで初めて意義をもちます。

法令，条例，予算，そして政策や公共サービスはあくまでも手段です。住民ニーズを軽視する，過度なシーズ（seeds（種）：内部の専門知識や能力）志向での手段の活用は，浪費の発生になります。社会の機関の一つである組織の成果は，常に住民ニーズへの適合にあります。

よって行政活動の実践で最初に求められることは，法令や条例の学習や策定ではなく，「住民ニーズ」について徹底的に考え抜くことにあります。

◆ニーズとウォンツを区別して政策を考える

マーケティングの定義にもあるように，住民ニーズに適合する内容を提案できれば，住民の自発的な行動が実現する可能性が高まります。そのためには，住民の「ニーズ」を正しく理解する必要があります。ニーズはさまざまな解釈がなされています。ここでは，コトラーの考え方を中心にして考えます。

住民ニーズを，ニーズ（基本的要件，必要：needs）とウォンツ（欲求：wants）に分けて考えます。ニーズとは，朝起きた時の空腹感，仕事の後の疲労感など，人が生きていく上で生じることです。例としてはマズローのニーズ階層が有名です。コトラーは，ニーズを「欠乏を感じている状態」[1]とします。生活の中での食欲や安心，帰属や愛情，承認や自己表現などのニーズが，「欠乏している状態」です。人はこの欠乏の解消を求めて行動します。

ウォンツとは，「人のニーズが具体化されたもの」[2]で，文化や個人の性格によって異なります。例えば，空腹になると，米国人はハンバーガーが欲しくなり，日本人ならおにぎりになります。ウォンツとは，「何か食べたい」「疲れをとりたい」といったニーズを満たす「特定」の対象のことです。それは財，サービス，イベント，経験（ディズニーランド），場所（企業誘致，観光），資産，情報，アイデアといった多様な物事（モノとコト）になります。

住民行動は，ニーズ（健康になりたい）→ウォンツ（運動する，食生活を変える）の関係になります。行政は住民ニーズを確認し，そのニーズを充足する複数のウォンツを分析し，住民にとって最適な政策や公共サービスを提案します。住民ニーズが不明確で，ウォンツの検討が不足する政策・公共サービスの提案では，予算を増やしても住民に受容される可能性は最小になります。

2. 政策や公共サービスは住民の役に立つこと

◆住民が必要とすることは法令や条例ではなくニーズを満たすこと

ここで注意すべきことがあります。それは，住民はウォンツを具現化した政策や公共サービス自体を求めているわけではないということです。この説明として有名なものが，「ドリルが欲しい（ウォンツ）人が本当に必要（ニーズ）としているのは，ドリルそのものではなく「穴」である」という説明です（次ページ図参照）。

ドリルはニーズである「穴」を空けるための1つの手段です。すると変化する時代では，ドリルという手段の選択が，いつもベストということはありませ

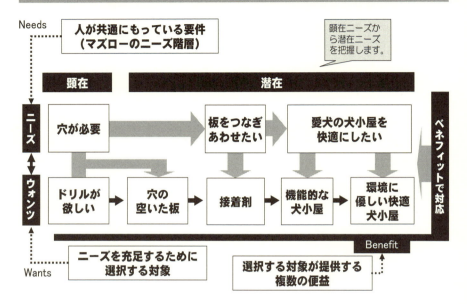

ん。「既に穴の空いた板」といった別手段が出現すれば，多くの顧客はそちらを選択しドリル自体が不要になります。さらに顕在したニーズを再確認して把握できた潜在ニーズが，「板をつなぎあわせる」ことであれば，「接着剤」でも対応可能になり，別カテゴリーの手段の提案になります。もし潜在ニーズが，「愛犬の犬小屋を修理して快適にする」であれば，「環境に優しい快適な犬小屋」の提案が有力になります。ここから「変化する社会では，現在の手段の多くは間違っている」とするマーケティング改革原則が誕生します。

◆住民にとっての価値は何か

　マーケティングでは，人や組織が，この顧客の顕在・潜在しているニーズを考えて，それを満たすウォンツに対して提案する価値を，「ベネフィット（便益：役に立つ，嬉しい，挑戦できる，貢献できる）」とします。

　ドリルや接着剤という製品は，顧客にとっては，役に立つ，つまり「穴を空

けることができる」「愛犬に快適な環境を提供できる」といったベネフィットをもたらしてくれるものです。そのベネフィットが，顧客のニーズとウォンツから見て不適であれば，製品自体は価値を失います。

同じように，住民が必要とするものは，法令や条例，政策や公共サービスそのものではありません。それらがもたらす住民の課題解決に役に立つベネフィットです。法令や条例の制定や政策を策定することは重要なことですが，それだけで社会が良くなるわけではありません。行政は常に，「住民が評価するベネフィットを，法令の適用や政策の提案を通じてどのように実現すべきか」という考えからスタートする必要があります。

ベネフィットとは「住民が，政策や公共サービスを認識し行動することで得られる役に立つ」ことです。行政が提案する政策・公共サービスは，住民の問題解決のための「ベネフィットの束」[3]になります（詳しくはp.165を参照）。

◆住民ニーズの把握とマーケティング・プロセス

政策や公共サービスを策定する担当者は，住民や社会に関する課題を抽出し，その課題に対する住民の顕在化したウォンツを問い直し，潜在しているニーズを確認します。そのうえで，そのニーズとウォンツを満足させて課題解決につながる「ベネフィット」を，政策や公共サービスに織り込み提案し，その役立ち実現を通じて社会に貢献し，行政組織への共感や信頼性（ブランディング）を獲得していく取組が必要になります。

マーケティングの中心は，住民ニーズとウォンツへの対応です。住民ニーズとウォンツは，社会環境の変化や価値観，さまざまな働きかけで変化します。その対応には，複雑に絡み合う内外要因を分析し，真のニーズとウォンツを把握し，その実現のための必要な「課題」を決定することが重要になります。

次節からの，内外の環境分析から政策課題の決定までのプロセスで，住民のニーズとウォンツを充足する「課題」の抽出と決定方法を学習します。適切な政策課題の決定が住民の問題解決の第一歩です。

2 マーケティング外部環境分析で機会と脅威を把握します

学習のポイント

政策・公共サービスの提案は，対象を取り巻く内外の環境変化についての理解から始まります。最初は外部の変化です。外部環境の変化には，社会発展の機会と脅威があります。把握内容は「外部環境分析シート」に記入します。

1. 外部環境分析とは

◆外部環境分析の定義と役割

　組織は社会の機関です。組織の盛衰は社会の環境変化への対応のあり方で決まります。そこでマーケティングの最初のルールは，「外部の変化を知る」になります。外部環境分析とは，「外部の環境変化を予測し，それが内部の環境対応にどのような成長の機会（Opportunity）と制約の脅威（Threats）をもたらすかを把握する」ことです。コトラーは機会を「内部がそのニーズを満たして成果をあげられる可能性の高い住民ニーズと関心が存在している分野」[1]，脅威を「不利なトレンドや変化によって引き起こされる難局」[2]とします。

　外部環境にはマクロ環境とミクロ環境があります（右図参照）。マクロ環境分析で潮流を把握し，ミクロ環境分析で，「幸せ」実現に向けた住民の生活環境と行動を把握します。外部環境分析には3つの役割があります。

①**機会の発見**：満たされないニーズやトレンド（ある程度の勢いがあり，持続的な事象の方向性，連続性）を見出すことで，機会を発見する。

②**政策の発見**：環境変化から組織にとっての機会と脅威を探り，そこから組織の強みを活かす，弱みを回避する政策の糸口を把握する。

③**組織の強弱の評価**：組織の強みや弱みを相対的に評価する。

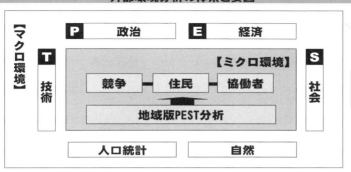

◆マクロ環境要因とミクロ環境要因の分析項目

　分析は全体から部分への流れが鉄則です。分析対象の特性に応じて各要因別に分析項目を選択して行います。マクロ環境分析は，ミクロ環境に影響を与えるトレンド(潮流)の把握が大切です。具体的，簡潔に明記します。ミクロ環境要因は，対象とする課題により内部要因にもなります。注意が必要です。

要因			項目
マクロ環境分析	PE分析	人口環境分析 Population	①**人口規模**：人口規模、人口密度、世帯数、家族構成 ②**人口区分**：地域別・年齢別・性別・職業別・学歴別　所得別・資産別人口分析 ③**人口変動**：出生率、死亡率、離婚率、人口移動
		自然環境分析 Environment	①**自然資源の状況**：広さ、地形、天候、自然災害 ②**環境保護の状況**：資源の枯渇、公害、温暖化、気候変動 ③**環境保全関連サービス**：内容と規模 ④**環境対応**：住民と企業の姿勢、政府の姿勢と支援・規制
	PEST分析	政法要因分析 Political	①**政治の傾向と主要政治課題**：構造改革、分権、財政再建　金融政策、社会保障、地方創生、政治改革、安全保障 ②**法的規制**：規制緩和、地方自治法、税制、公務員改革 ③**保護政策**：人権、消費者保護、弱者救済、住民運動
		経済要因分析 Economic	①**主要指標**：国内総生産、景気指標（先行・一般・遅行） ②**消費政策**：国内消費・支出構成、物価、食品安全、環境 ③**産業政策**：設備投資、成長戦略、産業育成政策、観光 ④**財政金融**：政府予算規模、公共投資、国債、金利、為替 ⑤**資源外交**：輸出入政策、食糧・資源確保政策 ⑥**地域政策**：地域振興政策、地域格差動向、過疎対策 ⑦**労働政策**：賃金、労働時間、正規と非正規労働
		社会要因分析 Social	①**家計生活**：家計支出、貯蓄・負債、資産格差、買物行動 ②**就業条件**：労働条件、就職率、失業率、就業支援 ③**人口問題**：健康・医療、少子高齢化、出生率、死亡率 ④**社会動向**：文化、社会的風潮・規範、流行、貧困、犯罪 ⑤**価値観**：教育、人生観、倫理観、生活感、個人と家族
		技術要因分析 Technology	①**最新の技術変化**： 　新素材（省エネ、軽量化、新機能、コスト低減） 　エネルギー（省資源、エネルギーコスト） 　情報通信、医療技術、医薬品、ライフサイエンス ②**技術**：生産技術と伝統技術、研究開発費の推移、法的規制

ミクロ環境分析	4C分析	**地域要因分析** Community	①**政治**：議会動向・改革、住民参加、投票率、行政改革 ②**経済**：地元産業の現状、経済指標推移、消費、労働、民力 ③**社会**：保健、医療、福祉、安全、教育、文化、自然風土 ④**技術**：伝統・新技術、大学、研究機関、地元企業
		住民要因分析 Customer	①**住民規模**：地域、年齢、性別、職業、所得、家族構成 ②**住民動態**：出生、死亡、流出入人口、交流人口 ③**住民要求**：内容、重要度、利用率、政策評価、定住意向 ④**住民行動**：住民特性、心理、行動、政策受容過程、満足度
		協働要因分析 Collaboration	①**住民**：在住・在勤・在学の/規模、概要、特徴、課題 ②**地縁住民組織**：町内会、自治会、ボランティアの/同上 ③**分野別住民組織**：福祉、防犯、安全、教育、文化の/同上 ④**職能的団体**：農林漁業団体、商工・観光団体の/同上 ⑤**準公共団体**：福祉協議会、交通安全協会、財団法人の/同上 ⑥**民間法人**：企業、大学、病院、鉄道、銀行、NPOの/同上
		競争要因分析 Competition	①**住民の変化に際しての障壁**：価値観・習慣の放棄、行動変容 ②**競合**：主要な競合の動向と優位性 ③**類似サービス（代替品、補完品）**：規模と優位な特徴 ④**他の競合**：新規参入組織・供給者・購入者の動向

2. 外部環境分析の方法

(1) マクロ環境分析：PE分析＋PEST分析

　マクロ環境は，組織にとって統制不可能な要因です。人口統計的要因（Population）と自然的要因（Environment）に，マクロ環境のフレームユークであるPEST分析を加えて6つの要因で分析します（左図参照）。ミクロ環境に影響を与える持続的な方向性のある主要なトレンド要因を把握します。

　人口統計的要因は，社会市場の大きさを決める重要要因です。自然的要因は，必ず織り込まなくてはならない要因です。政治・法律的要因は，税制や年金制度の変更が含まれた，住民生活のルールを変える影響の大きい要因です。経済的要因は，景気動向や諸政策の変化などで，住民の需要と企業の供給に幅広い影響を与えます。社会・文化的要因は，価値観，信念，倫理観が内容で，住民や社会の考え方に影響します。技術的要因は，新素材，エネルギー，情報などの科学技術進歩のことで，社会経済環境に劇的な影響を与えます。

(2) ミクロ環境分析：4C分析

ミクロ環境は，マクロ環境に比較して内部に直接的に影響する環境です。4C，つまり地域社会経済要因（Community），住民要因（Customer），協働要因（Collaboration），競争要因（Competition）の4要因で把握します。

地域社会経済要因は，マクロ環境の地域版で6要因で把握します。住民要因は，環境分析のなかで最も重要な要因です。政策・施策・事務事業の内容に影響を与えます。協働要因は，行政活動に関与する人達との協働と政策・公共サービスの流通に関する要因です。競争要因は，様々な障壁と地域間競争が含まれた必ず確認しなければならない要因です（前ページ図参照）。

ミクロ環境要因の位置づけには注意が必要です。行政が市民に対する福祉政策を計画する場合は外部要因になります。行政が地域と協働して街の良さを協働以外の人に訴求する場合は，競争要因以外は内部要因になります。マーケティングの主体と対象に応じた調整が必要です。

3. ミクロ環境分析のポイント①：住民要因分析

◆住民行動の重要性

ミクロ環境では，住民要因分析が重要です。住民は，自ら課題解決に向けて政策・公共サービスを認識し行動する存在です。行政におけるマーケティング活動の成果は，対象になった住民の行動を「推奨した方向」に変えられるかにあります。強制では地域活力の向上に結びつく自助的行動が期待できないことから，住民ニーズと住民特性・心理に対応した取組が必要です。住民動向分析で住民人口の分布・構造と変動を，住民要求分析で住民の顕在的・潜在的ニーズを把握します。

◆住民行動分析：SORモデル（右図参照）[3]

住民行動とは，「住民のニーズ発生から，政策・公共サービスを認識し行動するまでの一連のプロセス」です。このプロセスを分析する基本になるのが，

住民を理解する

S 刺激	O 住民（消費者）	R 反応

- **文化的：** 行動への地域社会や集団の特有の価値観、行動様式からの影響
- **社会的：** 行動への家族・友人・組織、社会的役割、地位からの影響
- **個人的：** 行動への年令、ライフサイクル、職業、経済状況、性格からの影響

① **マーケティングによる刺激**
- 住民価値
- 住民コスト
- 住民協働
- 住民対話

② **環境要因の刺激**
- 政治的
- 経済的
- 社会的
- 技術的

③ **住民特性**
- 文化的
- 社会的
- 個人的

⑤ **受容行動プロセス**
- ⅰ 問題認識
- ⅱ 情報探索
- ⅲ 代替案の評価
- ⅳ 受容決定
- ⅴ 受容後の行動

⑥ **活用決定**
- サービス選択
- 地域選択
- 施設選択
- 使用量
- 使用の時期
- 支払方法

④ **住民心理**
- 動機・知覚
- 学習・信念

- **動機：** マズロー理論が有名、ニーズが高まると行動の動機になる
- **知覚：** 価値観に基づいた選択的な認識で現実より行動に影響する
- **学習：** 経験や知識は個人の行動に影響する
- **信念：** 実際の自己の知識、他の意見、信頼に基づく行動への影響

住民行動特性

①文化的要因		平和と平等を尊重し、自由と絆を重視し、環境や人権問題に健全な価値観がある。地域の自然を損なわない資源の活用を期待している。
②社会的要因		民主主義を重視し、社会の一員といった自覚があり、周囲の意見も参考にし、家族で話し合いながら、地域社会への貢献と責任を考える。
③個人的要因		仕事、家庭、コミュニティのバランスを考えた人生を志向する。仕事熱心であるが、地域活動にも家族で参加する。
④心理的要因	【動機】	環境と人に優しい街で生活したい。
	【知覚】	自然と人に優しい街といった街の理念に賛同している。
	【学習】	専門誌や周囲の人、そして自分たちの実際の経験から、街は意図した方向に進展していると認識している。
	【信念】	地域活動に参画することで環境や人権に貢献できる。
	【態度】	街や周囲の人と活動することが、市民としての責任を果たすことにつながる。

すべてのマーケティング戦略で活用

刺激（Stimulus），住民（Organism），反応（Response）の3要素からとらえる「SORモデル」です。このモデルは，STP-Cプロセス（4章），5章の政策と公共サービスの内容，住民との協働，住民対話コミュニケーション方法を考える際にも使用します。

(1) 住民への刺激（S）：住民を取り巻く環境の把握

住民行動は，環境からの刺激と個人特性の関係から多様な形になります。住民は，①行政のマーケティング活動や，②政治，経済，社会，技術などの環境要因の刺激を受けて，生活上の問題やニーズを自覚し，ウォンツの充足として公共サービスの⑤受容を検討し，⑥政策・公共サービスを選択します。環境からの同じ刺激でも次の住民の特性によって選択が異なります。

(2) 住民の特性と心理（O）：住民の特性と心理の把握

住民個人の選択行動に影響を与える要因には，③住民特性としての文化的（価値観，所属地域，社会階層），社会的（家族，友人，隣人，職場，地位），個人的（ライフステージ，職業，経済状況，ライフスタイル，性格）の各要因，そして④住民心理としての，その時のニーズの強さ，知覚や学習の仕方と信念や好みである態度によって，住民のニーズとウォンツは異なります。

これらを分析して，その内容を図（前ページ）の住民行動特性内容のようにまとめ，セグメンテーション，ターゲティング，コンセプト，マーケティング・ミックスの検討に活用します。より具体的な分析では，p.131の細分化変数を参考にします。

(3) 住民の5段階受容行動プロセス（O）：住民行動の把握

また，⑤住民が問題を認識（ⅰ問題認識）し，政策や公共サービスを具体的に受容・行動する場合には，様々な方法で情報収集（ⅱ情報探索）を行い，公共サービスの内容，手数料，利用の利便性などを検討し（ⅲ代替案の評価），受容・活用を決定（ⅳ受容決定）し，評価（ⅴ受容後の行動）します。ここでも住民の特性と心理を把握し，住民受容行動プロセスにあわせた情報提供や政策の提示を検討します。こうして住民の反応（R）である⑥活用決定を目的に近づけます。

3章　マーケティング分析編 行政マーケティング分析と政策課題の決定

4. ミクロ環境分析のポイント②：競争要因分析

◆住民競合分析：住民を対象とした競合の視点[4]

　政策や公共サービスに対する住民の受容に関して，「競合」として影響するものが2つあります。1つは，住民自身に関することで以下の3つの事項です。
　①提案側が思い描く行動の代わりに住民が現在採用している行動
　②住民が好む行動
　③住民に対して望ましい行動に代わる行動や反対の行動を推進するメッセージを送る組織や影響力のある個人

　よって政策や公共サービスが住民に受容されるには，住民本人が評価する現在の価値観や競合の働きかけを上回る独自のものでなければなりません。

◆組織競合分析：類似・関連した組織を対象とした競合の視点[5]

　もう1つは，同じ行動変革の実現を目的とする類似・関連した他の組織との競合です。類似・関連した組織間の競合を検討するには，ポーターの競争環境を分析するファイブ・フォース（5F）の考え方とフレームワークが参考になります。

　ポーターは，自組織の競争上の地位を決めるのは，既存の競争業者（隣接自治体），代替品（同種機能の提供者），新規参入業者（他団体），売り手（国・県・業者），買い手（住民）の5つとします（次ページ図参照）。この5つの対象の動向を把握し，強みと弱みの評価，政策課題の抽出，行政マーケティング戦略の策定，STP-Cプロセスで活用します。

（1）同業との競争関係

　競合者の数が多い，差別化が困難，市場が縮小している場合は，競争が激化し，最終的には合併などで淘汰されます。横並びを好み独自性を持とうとしない行政の多くが，この競争環境に向き合っています。独自性が重要です。

（2）代替サービスの脅威

　行政が提案している政策や公共サービスの機能に対して，より安価でより的

確に対応できる他のものが存在する場合，行政の価値は引き下げられます。前例踏襲的な発想を好む行政では，社会での地位は低下します。継続的な価値向上が必要です。

5つの競争要因

- 異なる方法で参入
- ↑絶えざる革新が必要

新規参入者の脅威 → 自組織

供給者の交渉力 →
- 独占で強力に
- ↑市場情報の伝達

← 住民の交渉力
- 組織化で強力に
- ↑要求把握の高度化

同業組織の力
- 同質競争で疲弊
- ↑独自性が必要

代替サービスの脅威
- 同じことより効果的に
- ↑継続的な価値の向上

(3) 新規参入者の脅威

新規参入は，既存組織のやり方とは異なる多様な方法で参入することから，従来方法を無効にする脅威になります。改革を嫌う現状維持的な行政は，常に他業種からの参入の標的になり，その地位が脅かされています。革新で参入障壁を高めます。

(4) 住民（買い手）の交渉力

住民が組織化されていたり，政策と公共サービスが一般的な場合は，住民の交渉力が強くなります。独自性の少ない割高と感じられる公共サービスでは，住民の圧力はますます強くなります。住民対応の高度化が求められます。

(5) 供給者（国）の交渉力

国のように供給者が限定しているとか，特殊なサービスを購入する場合は，供給者の力が強くなり自由度が失われます。供給者にとって価値あるものを提供し優位な立場を構築します。主権者である住民に密着するマーケティング力が必要です。

5. 外部環境分析をまとめる

次ページに，マクロ環境分析の記入シートの様式と記入例を掲載しました。ミクロ環境分析も同様の様式で，4つの要因に関する分析結果を記入します。

各要因の分析項目は，対象に大きな影響（インパクト）を与える重要項目を

マクロ環境分析の様式と記入例

要因	項目	過去〜現状	機会	脅威
自然環境 Environments	自然災害	位置、地形、地質、気象などの自然的条件から地震、台風、火山噴火などによる災害が発生しやすい国土である。	○災害対策の強化が重要課題として認識されていく傾向が強くなっている。	●M8クラスの巨大地震、温暖化による自然災害の増加、集中豪雨増加などが懸念。
自然環境 Environments	環境保全	平均気温は約1℃上昇、植物の生息域の減少、昆虫や動物の生息域の変化など生態系分布に変化が現れている。	○幅広い層にわたって、環境保全、温暖化防止の意識が高まる。	●日本の上昇は世界の平均より大。生態系、人体、農業等に多大な影響あり。
人口統計 Population	人口推移	昭和の第2次ベビーブーム以降、人口増加率は減少。平成○〜○年の5年間の増加率は0.7%で戦後最低を更新。		●人口は平成○年から減少に転じ、今後、長期的に人口減少傾向が続く。
人口統計 Population	人口動態	出生率は低下、死亡率は上昇から自然増加率（出生率と死亡率の差）は低下傾向に。		●出生率の低下、死亡率の上昇から、自然増加率は○年推計値でマイナス。
政治法律 Political	各種政策	バブル後は、構造改革や規制改革など、経済再生に重点を置いた政策が展開。現在は財政出動と地方創生が中心。	○金融緩和、財政出動、円安誘導、株価アップ、地方創生関連の拡充。	●競争志向の政策から倒産等の発生と政策失敗から経済停滞の危機もある。
政治法律 Political	成立法令	「まち・ひと・しごと創生法」など、地方創生を具体化する法律の制定がある。	○経済活性化を具体化するための関連法令等の制定が継続される。	●旧来型の地域振興では成果不足になり地域の荒廃が進む。
経済 Economic	経済成長	バブル期から現在まで経済成長は低下。しかし、平成○年度の我が国経済は、改善の兆しもある。	○平成○年の長期予測では、消費及び設備投資は増加で緩やかな回復に。	●金融緩和中心の政策から失敗時のインフレへの副作用リスクは大きい。
経済 Economic	産業構造	生産拠点の海外移転や海外調達が進み、中小製造業に対する仕事量減少や単価引き下げが顕著。		●第一次産業と○○中小企業には大幅なテコ入れが必要。
社会 Society	福祉健康	介護保険制度や支援費制度が始まり、契約によってサービス提供がされるようになる。		●費用の増大 ●家庭における介護や子育て等の機能が弱体化する。
社会 Society	文化教育	学習塾市場は大幅に増え市場規模が○億円。公共教育に関する不満が増大している。		●公共教育への不満増大 ●不登校者や学校の中退が今後さらに増えると予想。
技術 Technological	製造技術	地方の活性化の1つとして高度な製造技術に対する支援策が成果に結びつく可能性がある。	○技術支援策を活用した技術の再開発が可能。	
技術 Technological	情報技術	政府は、IT技術の積極的な活用を推進し、全国普及に関する制度の充実を進めている。	○IT技術を活用し個性的な経営を行う可能性が拡大する。	

選択し、その項目別に「過去〜現在までの変化」と、そこから予測できる「今後の方向」を機会と脅威に区分して明記します。ここでの分析内容は後のSWOT分析で使用します。

3 マーケティング内部環境分析で強みと弱みを把握します

学習のポイント

マーケティングに成功するには,外部環境の「機会」と「脅威」に対応できる内部の「強み」が必要です。内部分析で内部の経営資源を検討し,必要な能力があるのか把握します。把握内容は「内部環境分析シート」に記入します。

1. 内部環境分析とは

◆内部環境分析の定義と役割

　環境対応活動が成功するには,自組織,政策によっては地域や協働者といった内部能力が,外部の機会に適合していなければなりません。そこでマーケティングの2番目のルールは,「内部の能力を知る」になります。

　内部環境分析とは,「内部能力の実態を把握し,それが政策や組織の環境対応にどのような強み(Strengths)と弱み(Weakness)になるかを把握する」ことです。内部分析と業績分析で構成します(右図参照)。強みと弱みの評価には,競争要因分析の結果を活用します。内部能力は,行政が住民をマーケティングの対象にする場合は,自組織を内部能力と考えます。地域と連携して何かを行う場合は,その連携先を内部能力として調整します。

　内部環境分析には以下の3つの役割があります。
　①**内部能力の評価**：内部能力とした組織や地域の資源に,どの程度の優位性と課題があるかを理解する。
　②**方策の発見**：自己能力と外部環境分析の競争要因分析の結果から,内部能力の強みと弱みを評価し,機会を活かし脅威を回避する方策を探る。
　③**独自能力の発見**：競争優位の源泉になる独自の能力・技術を発見する。

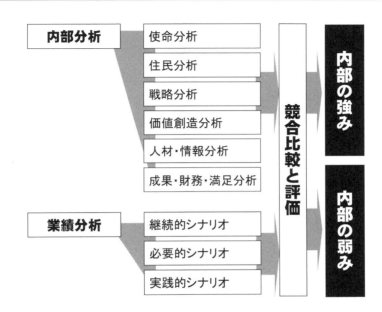

◆内部分析は強みと弱みの把握

　外部環境分析で機会が発見できても,必要な能力がなければ,それを活用することはできません。内部分析で「強み」「弱み」を把握します。強みとは,行政活動におけるマーケティング機能や資源が,競合よりも優位性があり,行政活動や成果に好影響を与えている要因です。弱みは,マーケティング機能や資源が,競合よりも優位性がなく,行政活動や成果に悪影響を及ぼしている要因です。仕組みや資源の有無ではなく悪影響の存在を確認します。内部要因であることから調整や改善が可能な要因です。

　内部分析で注意すべきことは,強みと弱みは外部環境の変化や内容によって変わることです。これまでの「強み」が,環境変化で「弱み」に変わることはよくあります。ここに,外部環境分析を先に行う理由があります。

◆業績分析は組織の危険度を把握

　自立が求められる行政にとっては,財政状況のあり方は行政活動の自由度に

影響します。業績分析で財政状況を予測します。予測の前提要件を必要・継続・実践の3パターンを考えて行い、それに対応できるマーケティング戦略計画を検討します。

　・継続的シナリオ：現状程度の環境変化と内部状況が続いた場合
　・必要的シナリオ：必要な環境対応と内部改革が行われた場合
　・実践的シナリオ：機会と強みが合致して成功した場合

　重要なことは、それぞれの予測前提要件を明確にしておくことです。発展に結びつく要件があればそれを成長促進要因として、継続で示される要件については成長阻害要因として、実践的シナリオでの対応策検討に結びつけます。

2. 内部分析の方法

◆経営モデルの使用による分析

　内部分析には、2章（p.59）で明らかにした「経営モデル」を活用します。この経営モデルは、フレームワークはポーターの価値連鎖を活用し、経営の知識は、ドラッカーのマネジメント論で理解を深め（拙著『ドラッカーに学ぶ公務員のためのマネジメント教科書』参考）、経営モデルの中核機能である価値創造に関しては、本書のコトラーのマーケティング論で理解します。

　経営モデルの活用では、住民に政策・公共サービスを直接提案する行政活動を、適切な資源で最大の価値（福祉）を創造していく「基幹業務」とします。その業務を組織的にバックアップする行政活動を、経営や戦略といった「全般管理」と、人材育成や情報といった機能的な「支援業務」に二分します。

　これにより各活動が創造する価値とその活動内容相互の関連を把握し、「機会」を活かし組織を成果に向けて推進する「強み」と、是正や改革が必要な「弱み」を把握します。

　自組織をこの経営モデルで点検することで、自組織の優位や劣位の要因が明確になり、住民対応の向上や競争力強化に向けて、改革すべき領域が明らかになります（右図参照）。

内部分析の体系と項目

全般管理	使命	使命とリーダーシップ	●使命は明確か ●リーダーは率先しているか ●使命は浸透しているか ●全庁目標・方針は明確か ●社会的責任は果たしているか ●社会貢献は十分か ●リーダーシップの成果を把握しているか
	戦略	戦略的対応力	●総合計画と戦略は関連しているか ●住民志向は反映しているか ●政策構成のバランスは適切か ●戦略策定に独自性が発揮できるか ●選択と集中は徹底しているか ●政策の新設や廃棄の基準は明確か ●組織の強みを活かしているか ●戦略は現場まで展開されているか ●戦略の成果を把握しているか
基幹業務	住民	住民ニーズの把握と対応	●住民把握の細分化基準は明確か ●住民の顕在・潜在ニーズを把握しているか ●新住民のニーズを把握しているか ●住民対応基準は明確か ●住民評価重要項目を把握しているか ●住民満足度を把握しているか
	創造	住民価値の創造	●ターゲティングは明確か ●政策には独自性があるか ●政策は地域や組織の強みを活かしているか ●政策コンセプトは適切か ●ミックス戦略の一貫性と整合性は適切か ●住民コストは適切か ●パートナーとの共創は進展しているか ●住民対話は進展しているか ●PDCAは機能しているか ●価値創造の成果を把握しているか
支援業務	人材	職員と組織の能力開発	●総合計画と人材計画の関連は十分か ●学習を奨励する職場風土はあるか ●研修の充実と優先度は適切か ●学習・研修成果の把握をしているか ●職員満足度の把握をしているか
	情報	共有と活用	●外部環境に関する情報は十分か ●内部能力に関する情報は十分か ●情報の交流と共有は十分か ●政策のエビデンスは徹底しているか ●情報の分析ノウハウはあるか
成果	成果	活動の成果	●リーダーシップの成果は向上しているか ●業務の成果は向上しているか ●教育の成果は向上しているか ●改善活動の成果は向上しているか ●政策の成果は向上しているか
	財務	財務的な成果	●歳入は増えているか ●住民の所得は増えているか ●主要な財務比率が改善しているか ●コストの成果比率は向上しているか
	満足	満足に関する成果	●苦情に関する満足度は向上しているか ●窓口に関する満足度は向上しているか ●政策に関する満足度は向上しているか ●住民満足度の推移は向上しているか ●定住意向と人口は上昇しているか

内部分析の記入例

領域	項目	過去～現状	強み	弱み
使命	使命	住民と行政の協働により「平和で環境型のまちづくり」を進めることを使命としている。	○平和環境型まちづくり条例を制定し街の進むべき方向が明確。	●行政組織としての使命が不明確。職員の理解がバラバラ。
使命	行動規範	○年前に策定された職員向けの5つの基本行動方針がある。		●5つの基本方針はマネジメント的には殆ど機能していない。
戦略	戦略測定	予算期に政策会議を開催して、重要課題への取組を検討している。		●政策会議は報告と承認の会議で形式的になっている。
戦略	戦略展開	戦略課題を展開する実行計画はあるが、内容の改善はしていない。	○戦略課題を住民との協働で進め、達成目標を設定している。	●実行計画にマーケティング的要素が少なく成果不足が続く。
住民	住民把握	全庁的な住民ニーズは毎年の住民意識調査で人口統計的に把握している。	○住民ニーズを人口統計的に細分して把握できる。	●住民ニーズの把握が住民意識調査だけに依存、内容も粗い。
住民	信頼形成	各地区毎に住民との定例的な懇談会を開催し、意見の交流をしている。	○「首長への手紙」、「座談会」など、具体的な取組がある。	●苦情の再発防止、未然防止の仕組みが整備されていない。
人材	組織能力	組織能力に関する基本的な方向が明示され、フラット化など多様な取り組みを行っている。	○権限委譲・フラット化などの取組を実施している。	●人材育成ビジョンは、総合計画と行政改革との連動が少ない。
人材	職員能力	人材に関する基本的な考え方として○年策定の「人材育成計画」がある。	○福祉業務に必要な基礎的研修プログラムがある。	●明示されている研修体系が使命や組織ビジョンとの関連がない。

◆内部分析をまとめる

「経営モデル」の体系に準拠して9つの領域（使命～満足）を分析対象にします。各領域別の質問事項を参考にして分析します（前ページ図参照）。上図の内部分析シート（記入例は4領域のみ）に、分析した質問項目別に「過去～現在」の状況を記述し、その情報で判断できる範囲で、「強み」と「弱み」に区分して明記します。この後の「競合」との比較を経て、強みと弱みを確定します。確定した強みと弱みの項目は、次のSWOT分析で活用します。

3. 強みと弱みの評価

◆VRIO（ヴリオ）分析による評価[1]

内部分析内容に関する「強みと弱み」の評価には，2つの方法があります。1つは，オハイオ州立大学のジェイ B・バーニー教授が提唱するVRIO分析です（右図参照）。これは，組織の競

Value	Rarity
機会と脅威に対応可能か 資源は機会と脅威に適応できるか	**他にないか** その資源を調整できるのは少数の競合組織か
Inimitability	Organization
マネされにくいか 競合組織の資源獲得にはコスト上の不利があるか	**組織ができるか** 資源を活用する組織的な体制が整っているか

争優位性の維持は，組織が保有している経営資源やそれを活用できる能力（ケイパビリティ）の開発次第であるという考え方です。

内部資源の競争項目を，住民からみた①「経済価値（Value），競合と比較する②「希少性（Rarity）」と③「模倣困難性（IniRitability）」，内部からの④「組織（Organization）」という4要素にスコアをつけて評価します。評価の結果，資源の環境対応力が高く，希少性に優れ，資源の模倣に大きなコストを必要とし，その資源を活用できる能力があるとなれば，それは最大の継続的競争優位になります。簡潔ですが有効な方法です（次ページ図参照）。

◆チェックリストによる評価[2]

他の1つは，チェックリストによる評価です（次ページ図参照）。比較する能力項目は，内部分析結果を活用します。強みとは，①住民にとって重要な能力であるか，②競合組織を上回るか，③真似されにくいか，から評価される事項です。①の視点から比較項目を設定にして，それに対する自組織（自地域）と複数の競合組織（地域）の能力を複数段階で評価します。自組織と競合組織への評点を比較して，「強み」「同等」「弱み」を判定します。その後に，判定した各項目の重要性を複数段階で評価して強みと弱みを確定します。

VRIO（ヴリオ）分析による強み・弱みの評価

領域	比較項目	評価項目				評価結果					重要性
		価値	希少	模倣	組織	最優	優位	一時	同等	弱み	
全般	幹部マーケティング能力	×								●	
	住民志向の浸透	○	×						●		
	戦略的行動力	○	○	×				●			
	住民の支持	○	○	○							
基幹	住民ニーズ把握力	○	○	○							
	住民からの信頼度	×									
	住民対応の適切さ	○									
	政策形成力の評価	○	×								
	住民価値の創造力	○	×								

―評価方法―
①価値から評価する
②価値なしなら弱みで終了
③評価が価値だけなら同等
④価値と希少なら一時的優位性
⑤価値と希少と模倣なら持続的優位性
⑥すべてなら最大継続的競争優位性

競合比較分析による強み・弱みの評価

領域	比較項目	評価対象			評価結果			重要性
		自組織	競合A	競合B	強み	同等	弱み	
全般	幹部マーケティング能力	3	3	3		○		
	住民志向の浸透	4	3	3	○			
	戦略的行動力	2	2	3			○	
	住民の支持	3	3	2		○		
基幹	住民ニーズ把握力	4	2	2	○			
	住民からの信頼度	3	3	3		○		
	住民対応の適切さ	3	3	2		○		
	政策形成力の評価	2	2	2		○		
	住民価値の創造力	2	3	3			○	

4. 業績分析の方法

　戦略は，将来のための現在の活動であり，その成否は，将来のためにいつから具体的な行動を起こすかにあります。この将来のための現在の行動を具体化するには，将来がどのような状態になるのかを，定量的に明らかにして確認することが効果的です（右図参照）。それが業績分析です。

　分析では3つのシナリオを想定し，それぞれの政策・公共サービス提案内容，収支，財政構造を明らかにします。最初に，過去の推移と予測できる環境変

財政的見通し

化，現状程度の努力を反映した「①継続的シナリオ：こうなる」を設定します。次に，環境変化は継続的シナリオと同じにして，必要な目標の達成をめざした環境対応と内部改革の実行を想定した「②必要的シナリオ：めざす」を設定します。

　行政を取り巻くこれからの環境変化を考えると，業績分析の結果は，「①継続的シナリオ：こうなる」の努力では，「②必要的シナリオ：めざす」を下回り，地域活力の沈滞，税収不足，福祉水準の悪化などが生じて「住みにくい街」になる危険性が判明します。この結果から，これらの課題を解決できる可能性のある有効なマーケティング戦略を実施する「③実践的シナリオ：取り組む」の必要性が明らかになります。

　これにより，現在時点でのギャップを関係者が共通認識し，マーケティング戦略策定の意義を理解し，政策課題の決定，行政マーケティング戦略計画の立案，そして果敢な実践に結びつけます。

4 SWOT分析で政策課題候補を抽出します

課題

学習のポイント

外部環境分析で「機会と脅威」，内部環境分析で「強みと弱み」が明らかになりました。次は，この結果を活用して，政策課題候補を明らかにし，「政策課題評価一覧表」に記入します。政策形成の「政策課題の設定」部分です。

1. SWOT分析とは

◆政策課題抽出のフレームワーク

SWOT分析とは，「政策や組織に関する内外の環境分析結果に基づいて，環境の変化に成長の可能性を見出し，それに備えるための政策課題候補を抽出する」フレームワークです。1960年代に米国で開発されました。

外部環境分析で対象の環境に関する機会（O），脅威（T）を，内部環境分析でその地域や組織が持つ強み（S）と弱み（W）を把握しました。機会・脅威，強み・弱みの掛け合わせから戦略的な政策課題を抽出し，評価を通じて環境対応のために取り組むべき政策課題候補を明らかにします（p.103図参照）。

◆SWOT分析の役割

SWOT分析は，組織別，政策別，地域別といった対象別に適用できます。1人でもチームでも行えます。分析では，「変化」に着目します。環境変化から機会を見出し，強みを活かした，競合よりも優位に進めることができる政策や行政活動を検討します。SWOT分析には下記の役割があります。

①**合理的な取組方向の検討**：機会に強みを活用して積極的に拡大する，脅威と弱みの組合せからは撤退するといった，マーケティング原則に沿った検

討から，対象全体に対する合理的な戦略的取組内容が検討できる。
② **短中長期の政策課題明確化**：「機会・脅威」と「強み・弱み」をクロス分析することで，積極的戦略は短期に集中して，段階的戦略は短中期に改革的に，差別化戦略は独自に中長期で，撤退戦略はよく準備して一気にといった，優先順位を考えた短中長期の政策課題を明らかにできる。
③ **政策課題と解決に関する共通認識の獲得**：SWOT分析のフレームワークを活用して，分析結果と政策課題との関連について納得と共通認識を図り，解決方向と実行に関する協力が得られる。

2. SWOT分析の設定方法

先に機会と脅威の検討を行います。SWOT分析のフレームワークを活用して，外部環境分析から抽出できた機会と脅威，内部環境分析と競合との比較から判断した強みと弱みを配置し，その組合せから政策課題を検討します。

STEP①：**O・T，S・Wに関するそれぞれの要因を把握する**

最初に検討する機会（O）と脅威（T）は，外部環境分析でのマクロ要因とミクロ要因からの分析結果を活用します。機会とは「独自性を好む外国観光客の3年で2割の増加」といった「適切に対応すれば発展に結びつく外部環境の変化」です。脅威は「都市間競争の激化により5年間で○○人の流出増加」などの「そのまま放置すると状況が悪化する外部環境の変化」です。

次に検討する強み（S）と弱み（W）は，内部環境分析の結果を活用し，それらが機会の活用に有効かを検討しながら判断します。強みとは，「○○の特色ある農林水産業の存在」などの「他の組織や地域には見られない独自の内部要因」です。弱みは，「マーケティング能力の欠落」といった，「他と比較した場合に優位性のない内部要因」です。

SWOT分析は，「機会」に「強み」を活用して組織や地域の発展を実現する課題を発見する手法ですから，検討ではこの2つの部分に時間をかけます。

STEP②：**機会・脅威，強み・弱みを配置する**（下図参照）

実践では，SWOTのフレームワークを活用して，機会・脅威，強み・弱みをカードに記入して配置します。「機会・脅威」から検討します。機会がなければ組織や地域の発展はありません。多くの機会が必要です。時間をかけてさまざまな観点から検討します。出そろったら重複などを整理します。次は「脅威」の検討です。これも課題に関する主要な脅威事項が出ているかを確認します。

次は「強み・弱み」の検討です。機会に対応できる「強み」を分析内容を確認しながら時間をかけて検討します。「弱み」に関しては多数のカードが出てきます。主要な弱み事項が出ているかを確認します。

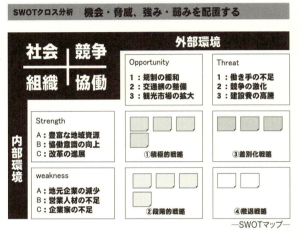
—SWOTマップ—

STEP③：**SWOTのクロス分析を行う**（次ページ図，p.104図参照）

クロス分析では4つの戦略セルに関して，外部環境の変化に内部能力で対応できる政策課題を考えます。戦略セル別に，機会，脅威，強み，弱みの各事項の組合せから政策課題案を考え，カードに記載して上図のように配置します。政策課題案が出そろった後に，戦略セル毎に内容の検討修正を行います。

クロス分析は，「機会を徹底して活かす」といった趣旨から，①積極的戦略→②段階的戦略の順序で検討します。経営資源に余力がない場合は，①積極的戦略→④撤退戦略の順序にします。

(1) 機会と強み（O×S）：方向は「①積極的戦略」

社会機会を内部の強みで最大限に活かす政策課題案を考えます。社会が必要とし需要拡大が期待される分野に，内部の強みを活かした戦略方向を考える領域です。時間をかけて検討します。政策課題案には，外部と内部環境を組み合

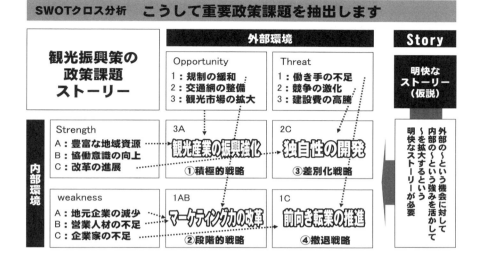

わせて「外部の〜という機会に対して内部の〜という強みを活かして，〜を拡大する戦略」という明快なストーリーが必要です。早期着手で資源を投入します。

(2) 機会と弱み（O×W）：方向は「②段階的戦略」

社会機会を内部の弱みでとり逃さない政策課題案を考えます。社会が必要とし需要拡大が期待できる分野ですが，内部の「弱み」から積極的には取り組めない領域です。機会は徹底的に活用するといった観点から，弱みの是正と改革で機会を活用する段階的な戦略を考え確実に推進します。

(3) 脅威と強み（T×S）：方向は「③差別化戦略」

脅威に内部の強みで対応する政策課題案を考えます。人口減や税収減の脅威が顕著です。内部の強みを活用した対応を考えます。独自性が鍵です。

(4) 脅威と弱み（T×W）：方向は「④撤退戦略」

脅威と内部の弱みから最悪の事態を招かない政策課題案を考えます。社会からの要請が減少し，同時に弱みの是正もうまくいかない領域です。多様化した社会で，すべての領域で成功する組織などは考えられません。損失が拡大しないように撤退を考えます。早期の判断が求められます。

SWOTクロス分析の内容と記入例

機会の徹底活用

		政策課題	外部環境分析	内部環境分析
O×S	積極的戦略	対応方向 機会に強みを活かしさらに伸ばしていく、または積極的な資源投入で競合で優位に立つ戦略とは	O 機会 ・外部の環境分析から機会と分析した事項を整理して記載。 ・【例】食の安全、健康志向の高まり、観光ブーム、全国的な高齢化、移住志向の増加、大学の地域貢献力、交通機関の発達交通機関の充実など。	S 強み ・課題解決に必要な地域力、住民力、組織力、協働力、行政力、資金力に関する強みを記載。
O×W	段階的戦略	対応方向 自らの体制の弱みを克服して、機会を逃すことなく活用するにはどうすべきか		W 弱み ・課題解決に必要な地域力、住民力、組織力、協働力、行政力、資金力に関する弱みを記載。

脅威の徹底活用

		政策課題	外部環境分析	内部環境分析
T×S	差別化戦略	対応方向 自らの体制の強みを活かして、脅威を克服、または機会に変えるには何をどうすべきか	T 脅威 ・外部の環境分析から脅威と分析した事項を整理して記載。 ・【例】内外の経済環境の変化、為替相場の変動、地域間競争の激化、地域外産物との競争、地域独特の風習、堅固な習慣、伝統的な価値観など。	S 強み ―同上―
T×W	撤退戦略	対応方向 自らの体制の弱みが致命傷にならないようにするには何をどうすべきか		W 弱み

上記の積極的戦略と段階的戦略の記入例です。差別化戦略と撤退戦略も同じように行います。

(記入例) 機会の徹底活用

		政策課題	外部環境分析	内部環境分析
O×S	積極的戦略	対応方向 ・地元資源を活用した観光政策の最大強化 ・団塊世代と外国市場を対象にした観光マーケティングの徹底	O 機会 ・観光市場の拡大、3年比20%Up。 ・観光基本法の制定による体制の整備。 ・団塊世代とアジア市場のさらなる拡大。 ・格安便の増大による交通コストの低減傾向。 ・地域独自の食べ物への人気が高まる。 ・観光企業への関心が高まっている。	S 強み ・歴史ある隠れた観光資源が豊富にある。 ・地域内の交流が盛んで一体的な取組が可能。
O×W	段階的戦略	対応方向 ・地域観光総合ビジョンの策定による体制整備 ・観光協議会の設置による拡大準備		W 弱み ・観光業の衰退が目立つ ・地域にも行政にもマーケティングができる人材が少ない。

※SWOT分析は付箋などを使用して、SWOTマップか上記のSWOTクロス分析シートを活用します。

3章 マーケティング分析編 行政マーケティング分析と政策課題の決定

STEP④：政策課題案の評価と優先順位を決定する

　SWOT分析で抽出した政策課題案は，評価基準を設けて取り扱いと優先順位を明らかにします（下図参照）。

　最初に4つの戦略セルに，課題を解決できる政策課題案が抽出できているかを，政策課題案の関連を明らかにして，仮説として読み切ります（p.109仮説構築参照）。次に各政策課題案を評価します。ポイントは効果性と可能性です。評価はこれまでの情報で判断できる政策課題案もあります。判断できない政策課題案は，次の「仮説の構築」による評価を行います。重要である，複雑である，規模が大きい政策課題案には，仮説の構築が必要です。

政策課題優先評価一覧表

	政策課題案名	評価					優先順位
		効果性	可能性	重要性	その他	得点	
積極的課題	新産業の創造による雇用増大						
	都市創造に向けた企業誘致						
	農林水産業の6次産業化の推進						
	共生・共助による地域子育て推進						
段階的課題	マーケティングによる福祉改革						
	次世代型子育て環境の創造						
	技術革新による成長分野進出						
	産業人材育成での起業力確保						
差別化課題	地元食材のブランド化戦略推進						
	地元食品加工度の向上						
	中間産地を活かした新事業創造						
	経営感覚のある人材育成						
撤退課題	不振事業の民間移管による再生						
	外郭支援事業の縮小または廃止						
	遊休資産の売却促進						
	目標未達補助金政策の廃止						

5 戦略的仮説の構築で着手する政策課題を決定します

仮説

学習のポイント

優先化した政策課題案から取り組むべき課題を決定するには，政策課題案に対して効果性と実現可能性が評価できる「仮説」が必要になります。仮説が評価できるものであれば，着手する政策課題として決定します。

1. 戦略的仮説と①現状の分析

◆もっともありそうな仮の結論

課題に具体的に取り組むには，課題の効果性と実現可能性を確認しなければなりません。効果性と実現可能性が判断できる「仮の案」が必要になり，それが「戦略的仮説」です。

戦略的仮説とは，「その時点までに入手した事実から，一定のプロセスを経て導き出された，成果に結びつくもっともありそうな仮の結論」です。事実に基づいていることから「思い込み」ではありません。検証のプロセスを踏むことから，関係者の見解やマーケティング原則も活用した，環境変化に対応できる政策・公共サービスの立案に結びつく「戦略的仮説」です（右図参照）。

◆仮説の重要性と役割

地域の停滞，地域間競争の激化などから，住民の不安が増加している地域が増えています。不安を希望に変える手立てが求められていますが，すべての課題に取り組むことはできません。効果性の高い実現可能性のある課題に集中し，有限の資源を適切に活用することが求められます。ここに，安易な楽観論や思い込みを排して，事実に基づいて論理的に解決の骨子を考える戦略的仮説

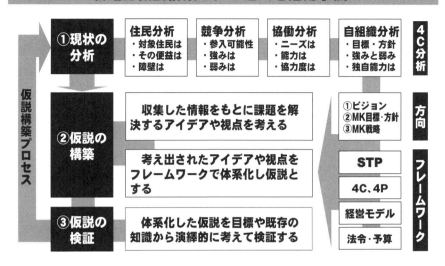

構築の必要性があります。戦略的仮説には下記の3つの役割があります。

①**有効な評価基準**：これまでに収集した情報を活用した仮説の構築と検証のプロセスで客観的な意思決定を繰り返し，限られた情報でも短時間で，課題の効果性と実現可能性を評価できる基準としての仮説を構築する。

②**資源の有効活用**：本格的な解決案作成の前に実施することで，効果性と実現可能性を構想できない案を排除し，資源の有効活用とムダな労力の防止を実現する。

③**組織力の活用**：仮説を活用した課題の評価は，成功に結びつく構想と重要要因を評価することになり，その内容を組織やチーム全体で共有することで，その後の解決案の作成活動が組織的になる。

上図の①現状の分析では，これまでに収集した情報を活用します。②仮説の構築では，住民にとっての課題と障壁・競合，それを克服する構想をフレームワークを活用しながら考えます。魅力的な社会機会を発見し，自らの強みが活かせる，組織の使命を体現できる仮説が構築できたら，それを③検証します。

2. ②仮説の構築と③仮説の検証

◆仮説構築の手順

「もしかしたら，こうなるのではないか」といった仮説構築の方法には，事実をベースに，ツールを活用した論理的構築方法を採用します。論理による仮説の構築は，仮説を導き出したプロセスや根拠が明確ですから説得力があります。また話し合いが可能ですから多面的な検討ができ，仮説自体の精度もあがります。

STEP①：分析結果からアイデアを抽出する

仮説の構築には一定量の情報とアイデアが必要です。これにはブレーンストーミングの活用が有効です。現状分析や各自の知識，経験を通じて得た洞察を基に，最も確かそうな仮の結論に関する自由なアイデアや意見をカードに記載して提出します。

STEP②：同じ意図のカードをまとめる

簡易的なKJ法を使用します。多くの意見やアイデアから同じ意図のカードをまとめ，複数のグループに集約します。この集約するプロセスから解決のヒントや構想が考えられます。

STEP③：グループに表題をつける

グループの集約ができたら，各グループのカードが意図する表題をつけます。表題にはマーケティングに関する知識やフレームワーク（STP，4C，4P，経営モデル）を活用して検討します。モレやダブリの発生を防げます。

手法の活用

STEP①：ブレーンストーミングでアイデアを出す

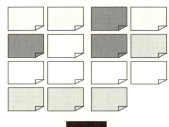

STEP②：簡易KJ法でアイデアの集約整理

STEP③：アイデアの整理が終わったら表題を検討する

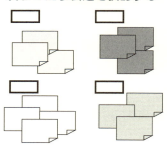

STEP④：ロジックツリーやフレームワークを活用して仮説の構築をする

－仮説文例－
　〇〇市場は〇〇になっており、対象の〇〇層には〇〇といったニーズがあります。これに対して当地区には、他にない〇〇といった独自性と〇〇といった優位性があります。
　そこでこれを活かして、〇〇を〇〇として、これに〇〇や〇〇を活用した方法で提案することで、〇〇が実現可能になります。

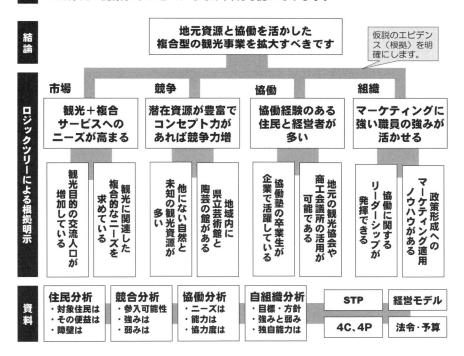

STEP④：仮説を構築する

　グループ化した全体を見ながら，結論と根拠（エビデンス）が明確な戦略的仮説を検討します（上図参照）。下記のようにマーケティング計画全体の構成を理解した構築が必要です。

　①仮説の表現は，ロジカルでストーリー性のある内容にする。
　②仮説の構築は，戦略やマーケティングに関する要素を組み込んだフレームワークを使用し，採否の判断ができるようにする。

◆仮説の検証

　仮説の検証とは，構築した仮説に関する情報を収集し，その仮説が正しいかどうかを判断することです。検証では，これまでに収集した情報や既存の知見を活用して仮説を検証します。検証結果が仮説と矛盾する場合は，その仮説を修正するか，別の仮説を検討します。検証結果に合意できれば検証は終了します。

　仮説の対象とした課題が複雑になると，最初の仮説には誤りが含まれている可能性が高まります。検証を通じて仮説の修正，再構築を行います。仮説の構築と検証のサイクルを通じて，仮説はより最適解に近いものになります。検証が終了すれば「政策課題」として決定します。

3. 政策課題の策定と予算編成過程

　政策課題は，課題解決のために具体的に取り組む政策案です。上位組織の承認が必要な場合は，これまでに収集した資料や分析結果から，①現状，②そこから発生している悪影響，③戦略的仮説，④仮説根拠の明示，⑤成果の明示，⑥計画期間と必要な予算で説明資料を編成して提案します。

　ただ，新規事業のように，より詳細な政策案の内容が必要な場合は，本書の最後までの理解と，5章に記載してある「行政マーケティング計画策定マニュアル」(p.220参照) を参考にして，説明や予算要求書が求める項目に対応する必要があります。

　予算要求書の様式は行政により違いがあり，費用額の記載を重視する，政策案の内容を重視するなど様々です。しかし，予算は住民にとって必要で成果の大きい政策に適切に配分される必要があります。予算要求と査定では政策の成果的な観点を優先し，その後に財政的な観点からの検討が不可欠です。この点からすると，ロジカルな政策内容と成果のエビデンスを重視した予算要求書への改革が必要です。

4章 マーケティング策定編

行政マーケティング基本戦略の策定と政策・公共サービスのコンセプトの創造

M市のマーケティング改革 （4）住民創造

住民に適合し，独自性があり
強みを活用できる政策を策定します

（マーケティング導入検討会4：経営企画部）

◆政策に3S-STP-Cプロセスを活用する

係長：「3S-STP-Cプロセス」による価値の創造の実践です

課　長：各部署の日頃の市民対応や政策の検討に，マーケティングを意識した取り組みが見られます。主要政策が，内外の環境分析による諸問題の抽出→SWOT分析の活用→仮説の策定といったプロセスで検討されています。検証された仮説は，政策課題として，政策・施策・事務事業のマーケティング戦略として具体化されます。

各部課長：たしかに，現場職員が自らの仕事にマーケティングの考え方や体系を活用するようになっています。当たり前のことですが，物事を市民ニーズから考える職員が増えています。

係　長：次の課題は3S-STP-Cプロセスの実践です（下図参照）。これはコトラー・マーケティングの中心的な部分です。しかしこれまでは，価値の向上や地域間競争をそれほど意識せずして政策を考えてきたことから，庁内では取組が不足しているプロセスです。

主　査：3S-STP-Cプロセスの役割は，マーケティングの重点方向の明示と共創的価値創造による政策コンセプトの創造にあります。業務・政策領域（D）を確認して行政マーケティング目標と方針（G）を設定した後，重点方向を決める戦略（3S）を考えます。市民の細分化（S）→重点市民の選定（T）→独自価値の模索（P）→政策コンセプト（C）の創造に取り組みます。

D	領域
G	目標
3S	戦略
STP	独自
C	創造

◆地域間競争への対応に必要なもの
各部課長：市民，競争，資源から考える3つの戦略は重要です

各 部 課 長：市民，競争，資源から考える3つの戦略（3S）は，限られた資源で成果を求められる我々に有効な方向を示します。常に市民の知覚から考えること，競争とは他より上手く行う「最高をめざす競争」ではなく，「独自性をめざす競争」[1]であること，保有する資源の特徴を考えて，高い成果を実現することは重要なことです。我々には論理的思考に加えて，戦略的思考，経営的思考が求められています。

係　長：3S-STP-Cプロセスの内容は，現在の政策形成過程ではあまり意識されていない部分です。私たちは，対象市民を設定しているようで徹底せず，ニーズ把握も表面的です。例えば高齢者市民向事業の資料の文字が小さくて，渡しても読まれていないことがよくあります。

主　任：ポジショニングへの理解も不十分です。ゆるキャラの乱立，同じような文化会館の建設など，横並び政策立案の癖がなかなか直りません。施設が新しくなった，規模が大きくなっただけで終わります。コンセプトの活用も表面的です。例えば，図書館を学習施設と考えると税金でしか建てられません。しかし「集客施設」と考えると商業施設の一部になり，民間資本を呼び込めます。このようなコンセプト力が不足しています。

職　員：調査したN市の市長さんも，「市の基金に寄付を求めるなら，自分の家族が寄付したくなるような政策のコンセプト内容を考えよ。家族を動かせない内容では，他人を動かすことはできない」といってコンセプトの重要性を強調していました。

課　長：これから地域間競争が本格化します。しかしそれは競合自治体に勝つことではなく，独自の価値を産み出し地域の活力を結集することです。3S-STP-Cプロセスがこれに貢献します。我々は使いこなせなくてはなりません。マーケティングをさらに習得しましょう。

D 業務・政策領域（Domain）を設定します

学習のポイント

成果とは為すべきことの結果です。有限な資源で，責任をもって業務を遂行すべき領域の明示が求められます。これにより，組織内の諸活動を緩やかな基準で方向づけ，適度な整合性と豊かな創造性を育みます。

◆業務・政策領域とは

社会の変化は住民生活に変化をもたらし，行政組織の仕事の範囲と内容に影響を与えます。行政組織は，使命達成のために担当すべき領域を明らかにし，限られた資源でその使命が果たせるようにします。それが業務・政策領域の設定で，「組織と政策が社会に貢献すべき活動の範囲を明示する」ことです。下記の役割を果たします。

①組織と政策の社会での位置づけが明確になり，社会貢献の活動基盤になる。

②組織と政策の活動領域が明確になり，組織と政策の取るべき戦略や行動，人材育成や資源の投下などを正しく決めることができる。

③独自の領域を設定することで，関係機関との協働を促進し，社会での優位な地位を確保できる。

業務・政策領域の設定は，組織を対象にした場合は各組織の業務の範囲を示し，政策を対象にした場合は各政策・公共サービスの適用範囲を明示します。

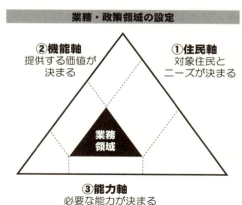

業務・政策領域の設定
②機能軸 提供する価値が決まる
①住民軸 対象住民とニーズが決まる
業務領域
③能力軸 必要な能力が決まる

4章 マーケティング策定編　行政マーケティング基本戦略の策定と政策・公共サービスのコンセプトの創造

◆業務・政策領域の設定方法

STEP①：3軸から検討する

①誰に（住民軸：ターゲットに関して），②何を（機能軸：提案すべき価値に関して），③どのように（能力軸：独自の能力に関して）の3点から（左図参照），内外の環境分析の内容を参考にして，下記の点に留意して決定します。

ⅰ．使命と合致する。

ⅱ．顕在と潜在している住民ニーズを確認して領域を設定する。

ⅲ．組織の強みを反映させる。

ⅳ．住民から見て「住民志向である」「本質を追求している」「独自性がある」ことがわかる表現にする。

「①住民軸：誰に」の検討から，対象とすべき住民とそのニーズが決まります。「②機能軸：何を」の検討から，提案すべき機能が決まります。ここでは，住民の顕在と潜在のニーズとウォンツを考え，住民が最も評価する住民価値を考えます。ここから「③能力軸：どのように」で，保有すべき必要な能力や技術が明らかになります。現能力では対応できない場合もあります。それはこれから開発し，蓄積していく能力になります。

ある行政の建設部は，業務領域を「住民に，安全で快適な住みやすさを，住民起点の技術で創造できる，地域空間提供者」と設定しました。

STEP②：領域を評価する

設定した領域の評価は，下記の3点から行います。

①**機会**：設定された業務・政策領域が，業務・政策の将来性を確保するだけの社会機会を持っているか（広すぎないか，狭すぎないか）。

②**強み**：自組織の強みを活かすことができ，組織内外に政策創造を喚起する独自性と共感性との関連があるか。

③**統合**：業務・政策領域が諸組織戦略の上位概念として位置づけられ，組織，政策・施策・事務事業に対して整合性および一貫性を発揮できるか。

G 行政マーケティング目標と方針（Goal）を設定します

学習のポイント

マーケティングの目標は，望ましい行動や態度の変化を促進します。ゴール（KGI）とそれに関連する目標（KPI）は，明瞭かつ測定可能な表現である必要があります。方針は目標の達成方向を資源の特性を活かして明記します。

1. 行政マーケティング目標と方針の設定とは

◆行政マーケティング目標の設定

各部署や政策・施策・事務事業の策定では，全庁の経営目標・方針に基づいて「行政マーケティング目標・方針」を設定し，マーケティング活動の達成水準と重点行動の方向を明確にします。この行政マーケティング目標・方針の設定では，下記の点に留意します（右図参照）。

【成果】成果の成り立ちを考えて，成果実現←住民生活（満足）向上←業務改革←人材育成といった各領域に，目標と方針を設定する。

【関連】成果の産出を重視し，地域活力の向上から成果産出能力の向上に，成果の産出に関係する目標項目を設定する。例えば成果では，「自立に不可欠な地域活力の向上」と明記し，その実現に必要な目標項目を設定する。住民，業務，能力でも同じ。

【定量】設定する目標には，数値で示す「定量的目標」と，文章で表現する「定性的目標」がある。解釈の違いが出ないように定量的な目標を設定する。定性的な場合でも達成度合が判定できる表現内容にする。

【程度】目標内容は現状努力の推移ではなく，能力発揮，工夫，改革努力をすれば実現できる背伸びやジャンプレベルに設定する。

4章 マーケティング策定編 行政マーケティング基本戦略の策定と政策・公共サービスのコンセプトの創造

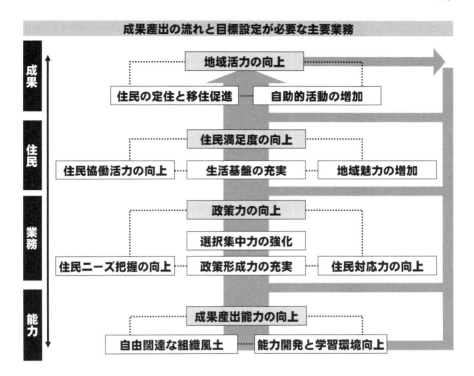

◆行政マーケティング方針の設定

　行政マーケティング方針は，行政マーケティング目標の達成に関する諸活動に対する指針です。住民ニーズ，競合状況，組織の強みを考慮しながら，業務遂行で堅持しなければならない重要事項を明記します。実施過程で住民志向の徹底や組織の強みが十分に発揮できるようにします。

2. 行政マーケティング目標と方針の設定手順

STEP①：成果の成り立ちを確認する

　人口減少時代では，顧客である住民の確保，つまりドラッカーが組織の目的とした「住民の創造」が最重要課題になり，税収増に貢献します。

　人は自立充実した生活ができる地域に移動し定住します。それには住んで良

かったと満足してもらわなければなりません。生活基盤の充実，住民同士の協働的な活力，地域の独自な魅力といった要素が大切になります。地方経営を担う行政活動の成果の蓄積は，現住民の定住を促進し，他の住民を呼び込める住民満足の向上につながらなければなりません。

魅力あるまち作りには政策力の引き上げが必要です。それは住民ニーズの把握方法や政策形成の業務の改善，改革です。またそれを担う人材の能力開発も不可欠です。成果に関連する領域に目標を設定します（下図参照）。

STEP②：①成果目標を実現する②住民政策に設定する

成果に関連する，成果の実現←住民生活（満足）の向上←業務の改革←人材の育成のプロセスは，組織階層や政策体系すべてに共通です。各領域に社会に貢献できる成果の産出に結びつく目標を設定します。

例えば「①成果目標（KGI：Key Goal Indicator／重要目標評価指標）」は，全庁では人口増や税収増です。各部署では，働く人，学ぶ人，健康な人，産み育てる人，楽しむ人などの増加に関する成果になります。

具体的には，全庁や各部での「②住民」にとって価値ある政策・公共サービスの提案が必要です。地域，産業，教育，子育てなどに関する政策の提案です。住民が地域に「住む」には，自立した健全な生活基盤が必要になります。これには，一定水準の所得が必要ですから，「働く」ことが前提になります。より良い条件で働くには能力が必要です。地域に「学ぶ」環境が求められます。さらに子供を「育む」環境がなけれ

	目標内容
① 成果目標	・住民の〇〇人増加 ・定住意向〇％Up ・税収の〇〇億円増加
② 住民	・産業政策の刷新による創業強化　創業企業〇件 ・教育政策の改革拡充 ・協働での共創力発揮
③ 業務	・住民ニーズ把握の見直し　反映評価〇％ ・政策コンセプの強化 ・マーケティングの浸透 ・情報共有化制度の見直し
④ 能力	・マーケティングの習得　受講率〇％ ・民間経験者の活用 ・行動規範の見直し ・職場風土の刷新

ば，本当の人口増は実現できません。「住む（建設部）」→「働く（産業部）」→「学ぶ（教育部）」→「育てる（福祉部）」といった住民にとって価値ある政策を考え目標を設定します。

STEP③：政策を具現化する③業務に設定する

業務のやり方をそのままにして新政策を計画，実施しても，目標とした成果をあげるエビデンスはありません。業務の仕組みを常に改善しなくてはなりません。ここに行政経営改革の役割があります。リーダーシップのあり方，住民ニーズの把握方法，政策形成のプロセス，部署同士の協働，情報の共有化，業務改善までの改革を行います。

STEP④：業務の遂行に必要な④能力に設定する

仕組みを活用するのは人です。仕組みの改革を見据えながら，それを使いこなせる「能力」の開発を先行して考えます。

以上，住民の存在が前提となる公務員と行政組織は，成果目標として住民の増加を設定し，その実現に必要な政策の創造，それが実現できる仕組みの構築，そこで活躍できる能力開発に各目標（KPI：Key Performance Indicator／重要業績評価指標）を設定し，成果目標の達成をめざします。

政策，仕組み，能力の改革なしでは，成果目標を達成することはできません。地域の盛衰は，環境変化や地域資源の優劣だけではなく，行政自身の地域への対応能力の差でもあります。

STEP⑤：行政マーケティング方針を設定する

行政マーケティング方針は，行政マーケティング目標を実現するための活動の基準です。マーケティング戦略の策定と展開に直接的な方向を与えます。内容的には，①上位方針に基づいた各部署，各政策に関する方針，②行政マーケティング個別戦略（住民価値，住民コスト，住民協働，住民対話）に関する方針，③組織編成・人材育成・業務改革に関する方針に大別されます。

3S 行政マーケティング戦略（Strategy）を策定します

学習のポイント

組織は手段です。社会に生かされています。戦略（Strategy）とは「最も有利な条件で社会に貢献できる体制を考える」ことです。それは，住民の評価，競合環境，自己の特徴を活かした組織行動の実現です。

1. 行政マーケティング戦略とは

◆戦略を考える

　行政の住民ニーズへの対応は，駅前に自由に駐輪したいといった住民の様々な抵抗，他地域で生活してみたいといった地域間競争がある社会市場で行われます。行政活動は，抵抗と競合がいる社会市場において，住民が評価する価値をめぐる，地域，政策，行政組織の特徴を活かした能力発揮の活動です。

　よって行政マーケティング目標・方針を達成するには，行政活動が，「住民が評価する，地域や組織の強みを活かした，独自の価値創造活動」であることが求められます。これが行政のマーケティング戦略です。

◆戦略の役割（右図参照）

　戦略の役割は，下記の住民，競合，資源への適合を考慮した言動です。

　【住民に適す】住民の評価に適した言動を実現する。
　【競合と違う】競合要因を考えた独自性のある言動を実現する。
　【資源を活す】保有する経営資源の特徴を活かした言動を実現する。

　ここから，マーケティング戦略を考える責任者と担当者には，住民，競合，資源に適した戦略対応といった観点を計画に取り込むことが求められます。

4章　マーケティング策定編　行政マーケティング基本戦略の策定と政策・公共サービスのコンセプトの創造

3つの適合戦略	適す、違う、活す		
	知覚適合戦略 意図：住民に適す	競合適合戦略 意図：競合と違う	資源適合戦略 意図：資源を活す
	オールラウンド戦略	独自化戦略	リーダー戦略
	マーケティング戦略	住民密着戦略	チャレンジャー戦略
	イノベーション戦略	コスト戦略	ニッチャー戦略
	生き残り改革戦略	集中戦略	フォロワー戦略

2. 住民からみた戦略：知覚適合戦略

◆住民の評価への適合

　最初の戦略は、「その取組は住民の評価に適合しているか」に応えることです。それは住民の評価である「知覚価値への適合」です。政策や組織に関する計画は、障壁と競争市場における住民の評価である「知覚価値」を確認することから始まります。政策や組織活動に関する住民の満足や評価は、住民が事前に期待した知覚価値（事前知覚）に、実際に活用した知覚価値（活用知覚）が合致するかどうかです。この合致の程度により満足と不満足が発生します。

　障壁と競合がいる市場では、政策・公共サービスに事前期待がないと認知されないことから、事前知覚の向上が必要です。住民の受容行動プロセスで明らかにしたように（p.87図参照）、この住民が抱く事前知覚は、それまで行政が住民に働きかけてきたマーケティング活動と、競合する他組織の活動、そして行動を動機づけられた住民自身の知覚の仕方で異なります。

　ここでの課題は、障壁と競合のいる市場で適切な事前知覚をえられるか、その事前知覚に見合う「良好」「最良」と活用知覚（評価）される行政活動を実現できるかになります。

◆4つの知覚適合戦略

この事前知覚と活用知覚の組合せから，下記のとるべき戦略の方向が検討できます（右図参照）。

(1) ［事前・活用知覚両立型：信頼・安心］

住民の事前知覚を獲得し，それに見合う活用知覚を発揮してきた［事前・活用知覚両立型］の行政組織は，そのバランスのとれた信頼性から多くの住民を引きつけます。住民からの信頼と安定した能力から，幅広い住民層に多様な公共サービスの提案ができるオールラウンドな戦略が可能です。

(2) ［事前知覚不足型：住民軽視］

この行政は，組織の潜在能力は「事前・活用知覚両立型」に匹敵しますが，それが住民ニーズには結びついていません。「成果不足は理解できない住民に責任がある」と考えます。住民ニーズを軽視する独善的な言動が目立ち，人口の流入がありません。「住民志向」の徹底とオピニオンリーダーとの協働と対話を強化し，住民の好意を獲得しながら，自組織の特徴や独自性を伝えます。

(3) ［活用知覚不足型：期待外れ］

この行政組織は，住民から事前知覚は得られるのですが，実際の提案がそれを下回ることから，住民の活用知覚が低下しています。期待外れです。組織内の活動の多くが陳腐化しています。住民の期待感があるうちに，住民対応力，政策開発力，コスト低減力，住民協働力，対話能力を見直し，必要なノウハウの蓄積を行います。

(4) ［事前・活用知覚不足型：消滅間近］

この行政は，マーケティング活動も有効な公共サービスの提案も不足していると評価され，住民からの事前知覚と活用知覚が低下しています。現状維持では人口流出が止まらず，地域は衰退一方になります。行政経営改革とマーケティング改革を徹底し，現状レベルからの脱却を今すぐ試みる必要があります。このままでは存在意義が消滅します。かなりの行政がこの状態です。全員参画による抜本改革が必要です。

知覚適合戦略

◆知覚適合戦略マトリクス

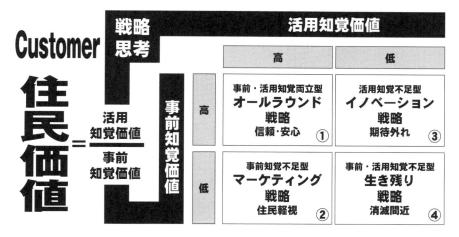

◆4つの知覚適合戦略の内容

知覚地位	政策目標	重要対象	マーケティング・ミックス戦略
①事前・活用知覚両立型 [オールラウンド戦略]	・全面対応 ・共創実現 ・名声重視	全面カバー	・住民：情緒的・自己実現的価値の提案 ・コスト：中高コスト水準の維持 ・協働：協働による共助共創の拡大 ・対話：全体訴求型
②事前知覚不足型 [マーケティング戦略]	・住民密着 ・好意獲得 ・独自発信	オピニオンリーダーの確保	・住民：住民志向の徹底 ・コスト：住民コスト（負担・抵抗）の低減 ・協働：協働支援戦略の強化 ・対話：好意獲得と密着訴求
③活用知覚不足型 [イノベーション戦略]	・知識重視 ・機能発揮 ・技術交流	内外との相互交流による技術の蓄積	・住民：機能的価値の充実 ・コスト：住民コストの有効活用 ・協働：協働による共助共創戦略の実現 ・対話：対話による傾聴強化
④事前・活用知覚不足型 [生き残り戦略]	・生き残り ・現状否定 ・全員改革	対象限定	・住民：全面的見直し ・コスト：コスト活用の徹底 ・協働：参画の奨励 ・対話：膝詰め対話

3. 競合からみた戦略：競合適合戦略

◆4つの競合適合戦略

　2番目の戦略は，「その取組は社会市場での障壁と競合状況を考慮したものか」に応える戦略です。環境と能力の特徴に応じた競合戦略を策定し，障壁克服や地域間競争で優位に立つ戦略です。障壁と競合に対応する行政組織の活動には，住民満足の向上に加えて，障壁と競合に対して，競争上の優位性を確保できるマーケティング戦略が必要です。

　競争戦略の権威であるポーターは，競争に優位に立つ戦略とは「他とは異なる道筋を選ぶこと」[1]として，コストのリーダーシップ，差別化，集中の3つの基本戦略を提案し，それぞれに必要な熟練・資源と組織を明示しています。これに加えて，トレーシとウィアセーマが提唱した戦略原則の1つである「カスタマー・インティマシー（住民密着）」[2]の戦略も有効です。

　競合戦略の検討では，この4つの基本戦略をベースに，対象とする住民の幅を選択し（集中），選択した対象に，競合要因である独自性，住民密着，コストのいずれかで優位に立つのかを検討して，とるべき戦略を決定します（右図参照）[3]。

◆競合適合戦略に必要な能力

　この4戦略の実現には，組織のあり方，マネジメント方法，公共サービスの開発などに，それぞれに適した経営資源とノウハウが必要です。組織文化にも違いがあります。的確な環境対応を実行するには，環境変化への対応と並行して，内部資源の強化や廃棄といった改革実行が不可欠になります。

　人口減少といった市場縮小は，地域間競争を激化させます。横並びの組織運営（これは経営ではない）では，お互いが衰退を競うことになります。ポーターは，環境変化にどの戦略も構築できない組織は「窮地に立つ」と警告し，「最高」ではなく「独自性」をめざせ，とします。産出する価値の独自性とそれを可能にする能力を蓄えることが競合適合戦略の意義です。

競合適合戦略

◆競合適合戦略マトリクス

◆競合適合戦略に必要な能力

基本戦略	項目	内容
① 独自化戦略	必要な熟練と資源	・マーケティング能力と企画・開発・提供のノウハウ ・創造的直観、基礎的研究力 ・高品質又は政策主導という評判 ・協働者からの強い協力がある
	必要な組織のあり方	・研究開発、サービス開発力 ・マーケティングのうまい調整 ・定量的測定よりも主観的測定による報償 ・専門家、研究者や創造的人間をひきつける快適さ
② 住民密着戦略	必要な熟練と資源	・比類なき総合的な解決案の提示力 ・成果達成に貢献する個別サービスの提供 ・住民に対する深い認識 ・住民との協働による共創
	必要な組織のあり方	・住民優先主義の徹底 ・権限の委譲と個人の動機づけ重視 ・多彩な人材の確保と混成した組織 ・優れた行動の評価と浸透
③ コスト戦略	必要な熟練と資源	・長期投資と資金源探し ・プロセス管理の熟練と職員力の密なマネジメント ・取り扱いを容易にする行政サービス設計 ・低コストの協働経路システム
	必要な組織のあり方	・厳格なコスト管理 ・コントロール報告は頻度多く詳細に ・組織と責任をはっきりとさせる ・定量的目標を実現した場合の報奨制度

4. 資源からみた戦略：資源適合戦略

◆3番目の戦略は資源別戦略

　これは，「その取組は自組織の能力特徴を考慮したものか」に応える戦略です。対象社会市場における競合との相対的な経営資源のあり方から検討する戦略です。政策や公共サービスを提案する社会市場に，自組織と競合の投下できる経営資源を推量し，その質と量に応じて戦略の取組内容を決定します。

　保有している経営資源は，その地域や行政組織固有のものであり，競争の戦略要因になります。他地域や組織に比べて，経営資源の質と量に違いがあれば，それに即した対応方法を採用して成果をあげます。

◆4つの資源適合戦略

　社会市場における相対的な経営資源を，質と量の組み合わせでマトリクス展開し，4つのセル（①リーダー，②チャレンジャー，③ニッチャー，④フォロワー）に区分します（右図参照）[4]。この相対的な経営資源の内容から住民対応戦略を位置づけ，それに対応した行政マーケティング戦略を展開します。

　①のリーダーセルに位置づけられる地域や行政は，社会市場では質量とも相対的に最上の経営資源を保有します。名声や信頼といったブランド維持を中心とした戦略が機能します。②のチャレンジャー地域や行政は，資源の質の面では，リーダー地域や行政と比較すると劣位になります。イノベーション的な取組が必要です。③のニッチャー地域や行政は，資源の独自性から，特定領域ではリーダー的行動が可能です。④のフォロワー地域や行政は，現時点では最も劣位の位置になります。②と③の位置づけをめざして改革を敢行します。

　以上の「住民に適す，競合と違う，資源を活す」の観点から，行政マーケティング目標達成のためのマーケティング活動の戦略方向を設定します。次はその戦略方向に基づいたSTPプロセスの実行と政策・公共サービスコンセプト（C）の創造です。

資源適合戦略

◆資源適合戦略マトリクス

◆4つの資源適合戦略の内容

①リーダー戦略	
項目	戦略内容
戦略方向	住民対応を非コスト競争で行い最大支持を確保し維持する。
戦略原則	①総市場拡大政策:社会での行政自体の役割を高める。 ②同質化政策:競合の新規政策に関してはほぼ同じもので対抗。 ③非価格対応政策:税金や手数料の引き下げは自らはしない。 ④最適規模維持政策:巨大になりすぎると様々な弊害がでる。 ⑤イメージの強化:安心の訴求で引きつける。

③ニッチォー戦略	
項目	戦略内容
戦略方向	小規模限定市場への徹底的集中化で行政の役割を確保する。
戦略原則	特定分野に集中。以下はリーダー行政の場合とほぼ同じ。 ①集中化戦略:強みを活用できる対象に集中する。 ②独自技術戦略:他にはない独自の技術や資源を保有する。 ③専門化戦略:住民対応、政策、協働、対話活動に専門化する。 ④規模の維持:適切な規模を超えない。

②チャレンジャー戦略	
項目	戦略内容
戦略方向	状況に応じて競争目標をリーダー組織かその他に決定する。
戦略原則	リーダーをめざす。他がまねのできない独自の政策に挑む。 ①差別化追求戦略:活動の全てで競合組織と差異を追求する。 ②知覚コスト低減戦略:低減し知覚価値を引き上げる。 ③協働共創戦略:住民との共創からの創造を徹底する。 ④独自価値の表現:独自・革新イメージの訴求。

④フォロワー戦略	
項目	戦略内容
戦略方向	生存を確保し経営資源の質量の蓄積に努力して発展をめざす。
戦略原則	模倣化、得意分野に集中、低コスト化により生き残りの実現。 ①迅速模倣戦略:他組織の素早い模倣を行なう戦略。 ②迅速安価戦略:良いものを安く提供する戦略。 ③創造的模倣戦略:模倣に一部付加価値をつける戦略。 ④固定費低減戦略:徹底した低コスト体質を実現する。

S 対象住民を細分化（Segmentation）します

学習のポイント

戦略が示す重点方向を前提にマーケティング活動を計画します。その最初は，コトラー・マーケティングの代表的なプロセスであるSTP-Cにおける住民細分化（S）です。マーケティングは常に「誰に」から開始です。

1. 住民細分化（セグメンテーション）とは

◆住民細分化の定義

　マーケティング目標と堅持すべきマーケティング方針，それを達成するための戦略的方向が決まったら，次は，それを具現化する政策や組織活動の検討です。その最初は，STP-CプロセスのSであるセグメンテーションです。

　コトラーはセグメンテーションを，「1つの市場（人口集団）を共通した特徴をもつ顧客（個人）の独特の集団に分類する」[1]とします。分類された市場セグメントとは，ニーズ（必要），ウォンツ（欲求），選好に関して共通の特徴をもっている住民の集団です。多様化した現代では，対象とする住民の異なる特性や多様なニーズを把握し，それに適した対応を実践します。

◆住民細分化の役割

　セグメンテーションの主要な役割は3つあります。
　①**住民を理解できる**：マーケティングの対象は異なるニーズとウォンツを保有する住民である。適切に細分化することで，住民ニーズ理解の基盤ができる。
　②**住民の満足を高める**：多様で異質になった住民ニーズに，1つの政策や公

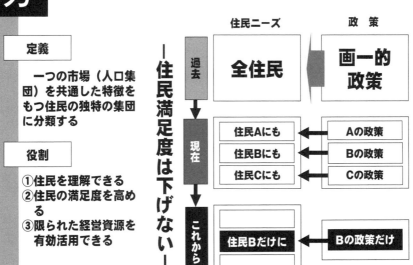

共サービスで対応することは、誰もが満足できない結果になりがちである。また、多様で異質なニーズに対応できる1つの政策や公共サービスを実現することは難度が高すぎる。ニーズが異なれば別の集団として区分し、異なる対応を考えることで住民の満足を高める。

③**資源を有効活用する**：多様になった住民ニーズすべてに異なる対応をすることも、資源の制約から不可能である。多様な住民ニーズを、ある基準で類似した特徴をもつ住民に区分してまとめ、資源の有効活用を実現する。

これからは、資源的な制約から、特定の住民に向けた、限定した政策・公共サービスを提案することで、他の住民の支持も獲得できる政策力が求められます。住民を細分化し、各住民のニーズをより深く理解し、限られた資源で、より成果に結びつく政策内容を考えます（上図参照）。コトラーも、細分化には、①マーケティング活動の有効性向上、②行動変更へのよい影響、③他のマーケティング手段のその成果や普及などによい結果をもたらすとします[(2)]。

2. 住民細分化（セグメンテーション）の設定手順

　グループ化できるニーズに対して，自らの強みが活かせる細分化を考えます。細分化方法は，住民要因分析（p.86参照）の内容と関連させて，下記の手順で行います。

STEP①：細分化基準を4つの変数（25項目）で明確にする[3]

　対象となる住民を細分化する基準については，地理的変数，人口統計的変数，心理的変数，行動変数による25項目を，対象の課題にあわせて活用し，特徴を把握します（右図参照）。これによりモレやダブリの少ない把握ができます。行動の変革を目的とする行政マーケティングでは，心理的変数と行動変数が重要になります。

STEP②：細分化したセグメントの特徴を描く

　変数で細分化した複数のセグメントについては，その内容を分析してプロフィールを描き出します。対象の特徴は，4つの変数を組み合わせて表現します。中でも行動的変数は，人の過去の行動がベースとなっていることから，その属性がもつ再現性は他の変数に比べて高くなります。

STEP③：各セグメントの魅力を評価する

　各セグメントを評価する基準には下記の5つの条件[4]があります。
　①測定可能性：セグメントの規模，動機，行動能力などを測定できるか。
　②有効規模性：セグメントは成果に結びつく規模があるか。
　③差別可能性：セグメントはマーケティングに異なる反応を示すか。
　④接近可能性：マーケティングを届けるルートや媒体があるか。
　⑤実行可能性：効果的なマーケティング作成の能力があるか。

　様々な検討をしながら独自の切り口を発見し，そこに地域や組織の強みが適用できる新しいセグメントを創出することが，マーケティングを成功させる一歩になります。

	細分化変数	内　　　容
地理	**地理的変数** ○住民ニーズは地理的に異なる	地域や行政単位そしてコミュティ単位等の地理的変数を細分化基準とする方法。行政は地理的なニーズの差異に留意し地理的市場を設定する。 ①地域　　　　東区、西区、南区、北区 ②都市規模　　3,000人未満、3万人未満…400万人以上 ③人口密度　　都市部、山間部、市街地、郊外地 ④気候　　　　沿岸、内陸、山沿、熱帯、温帯、冷帯
人口統計	**人口統計的変数** ○住民ニーズは人口統計的変数と関連している	年令、性別、家族構成、収入、職業、学歴等の人口統計的変数を細分化基準とする方法。住民のニーズや使用状況は人口統計的変数と密接に結びついている、細分化した社会市場を測定するのが容易。 ①性別　　　　男、女 ②年齢　　　　15才未満、15～65歳、65歳以上 ③世帯人員別　1人世帯、2人世帯、3人世帯… ④家族態様　　若年独身、若年既婚子供なし… ⑤所得　　　　200万未満、200万～300万… ⑥教育水準　　中卒、高卒、専門卒、短大卒、大卒　大学院卒 ⑦産業　　　　農業就業者、林業就業者… ⑧職業　　　　専門職、管理職、事務職、定年退職者、正規雇用、非正規雇用、学生、主婦… ⑨住居別　　　一戸建て世帯数、共同住宅世帯数 ⑩社会階層　　最下層～上級階層
心理	**心理的変数** ○住民ニーズは内面的な特性で異なる	パーソナリティ、ライフスタイル等の変数を細分化基準とする方法。人口統計的変数と組合せで使用。住民の内面の質的側面が測定できる。 ①社会変革度　革新的採用者、初期少数採用者… ②生活志向　　富裕安定型、開放革新型、堅実前向型 ③動機　　　　生理的、安全、社会的、自己実現、社会貢献 ④態度　　　　肯定的、否定的、中立的、無関心 ⑤性格　　　　強迫的、社交的、権威主義的、野心的 ⑥知覚リスク　高、中、低
行動	**行動的変数** ○住民ニーズは行動的な特性で異なる	政策や公共サービスに対する知識、態度、使用歴、反応などの変数で細分化する方法。行動変数は再現性が高い。 ①知識　　　　専門家、素人 ②便益　　　　住民の行政サービスに対する価値観、期待、重視点基準で住民を細分化する方法。機能的、情緒的、自己実現的、社会的 ③使用　　　　行政サービスに対してその住民を多使用・使用・非使用、行動・非行動等に細分化し、それを人口統計的及び心理的に関連づけて展開する方法。行政サービスの利用者、非利用者などが明確になり対応が具体的に。 　　　　　　　・非使用者、旧使用者、潜在使用者、初回使用者 　　　　　　　・使用頻度・量・方法・場所・態度 ④購買段階　　認識、探索、評価、決定、後行動 ⑤態度変数　　ロイヤルティの程度、なし、中、強

T 対象住民を選定(Targeting)します

学習のポイント

細分化した対象の中から,組織のマーケティング目標の達成に貢献できる特定セグメントを選択し,有限な資源を活かした効果的なマーケティングが実現できるようにします。

1. 対象住民の選定(ターゲティング)とは

◆対象住民の選定の定義(右図参照)

　対象住民の選定とは,先に細分化した各社会市場の状況を,住民ニーズ,競合の存在,地域や自組織の強みを考慮しながら評価し,マーケティング目標を達成するための最適な対象セグメントを,1つまたは複数を選択することです。

　対象が明確になることで,ニーズの把握と政策形成の整合性が高まり,より大きな住民反応に結びつきます。コトラーは「ターゲティングとは,各市場セグメントの魅力度を評価し,参入すべきセグメントを選択する」[1]とします。

◆対象住民の選定の役割

　ターゲティングには主要な役割が3つあります。
① **的確な住民対応の実現**：対象住民を選定することで,対応すべき住民ニーズや競合状況が明瞭になり,より的確な住民対応の検討が実現する。
② **活動の一貫性向上**：対象住民を選定することで,関係者全員が「特定の住民」を共有でき,政策形成や行政活動の一貫性を高める。
③ **資源の集中**：対象としない市場への資源投下が不要になり,選定した市場への資源集中を可能にする。

対象住民の選定：ターゲティング

選

定義
マーケティング目標を達成するための最適な対象セグメントを、一つまたは複数を選択する

役割
① 住民対応が的確になる
② 活動の一貫性が向上する
③ 資源集中できる

変数	特性項目
地域	東　　西　　中央　　南　　北
年代	〜20代　30代　40代　50代　60代　70代〜
所得	〜250万　〜550万　〜800万　〜1000万以上
職業	学生　社員　経営者　自営　無職
子供	なし　1人　2人　3人　4人　5人以上
学歴	中卒　高卒　専門卒　大卒　大学院卒
便益	機能的購買　情緒的購買　自己実現的購買
反応	革新者　初期者　前期多数者　後期多数者　遅滞者
媒体	新聞　雑誌　テレビ　ラジオ　インターネット　その他

選定：最適な対象を選定する

変数の組合せから住民の特性には大きな違いがあります

◆対象住民選定の戦略的な視点

対象住民の選定には、3つの戦略的なアプローチがあります。

（1）無差別マーケティング戦略

住民全体を単一対象として把握し、1つの政策・公共サービスを1つのマーケティング戦略で提案します。規模の経済を志向する戦略ですが、多様化した社会では限界があります。競合の攻勢を受けやすい戦略です。

（2）差別化マーケティング戦略

異質の住民を、同質のニーズや特性に応じて複数の住民グループとして区分し、それぞれに適した政策・公共サービスに関するマーケティン戦略を策定します。個々の住民の反応を高めることで、全体の成果を実現するマーケティング戦略です。コスト増加が予測されることから、この対応が必要です。

（3）集中化マーケティング戦略

1つの特定セグメントに集中してマーケティング活動を行うことです。対象とした住民から強い支持が期待できます。的外れになるリスクもあります。

2. 対象住民の選定（ターゲティング）の設定手順

STEP①：**対象住民を評価する**

対象住民の評価は，各セグメントの魅力と組織の対応能力の観点から検討します。コトラーは，前者のセグメントの魅力に関する項目は，規模，成長性，機会，競合の存在とします。後者の組織に関する項目に，組織の目的と強み・弱みをあげます[2]。対象住民の評価は，下記の事項を考慮して判断します。

① **成果があがるか**：量的な評価で，細分化した対象住民の規模と将来への拡大性である。未然防止の観点も考慮しながら，行政が扱うべき適切な規模のある対象かを検討する。

② **変革ができるか**：質的な評価で，細分化した対象住民の変革可能性である。住民の受容性，競合の程度を検討する。

③ **組織の使命と資源の適合**：内部からの評価で，細分化した対象住民と自組織目標との適合性，対応のための資源や強みの自組織での有無を検討する。

STEP②：**対象住民を選択する**

各セグメントの評価ができれば，その評価結果を活用して，対象とすべき価値のあるセグメントを選択します。1つの場合と複数の場合があります。選択には下記のような5つのパターンがあります[3]。これを活用します（右図参照）。

（1）単一対象集中化戦略

細分化した1つの対象に，全マーケティング資源を集中する戦略です。経営資源が限定されている場合に有効な戦略です。強みを参考にします。

（2）政策特定化戦略

1つの政策で複数の対象に対応する戦略です。不満の発生に留意します。

（3）対象特定化戦略

対象を限定し，複数の政策でその対象内の多様なニーズに対応する戦略です。対象の満足度を高めることができます。

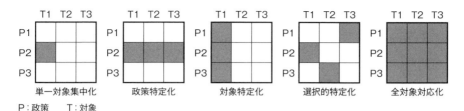

(4) 選択的特定化戦略
複数の対象にそれぞれ対応した政策を考える戦略です。コスト高になることから，その対応の工夫と大きな成果が必要になります。

(5) 全対象対応化戦略
あらゆる対象のあらゆるニーズに対応する戦略です。経営資源が豊富な場合に可能になります。

3. ペルソナ・マーケティングの活用

◆ペルソナ・マーケティングとは

SORモデル（p.86），細分化変数（p.131）も活用して，より詳しい住民動態を把握する方法に，ペルソナ・マーケティングがあります。実際の情報を基に作られた「架空の住民（ペルソナ）」が満足するように，政策や公共サービスを開発するマーケティング手法です。流通業界やファッション業界ではかなり前から行われていたやり方です。

対象として選定した住民グループから，行政が提案する政策や公共サービスにとって，もっとも代表的な住民モデルを単一または複数，設定します。その特性を描き出し，住民モデルが社会生活で直面している課題を把握し，それを解決し満足するような政策・公共サービスを考えます。これで，住民モデルの背後に存在する，多数の住民に受け入れられる政策と公共サービスの創造に結びつけます。

ペルソナには，①明瞭な住民像から住民の視点が徹底される，②曖昧になり

がちな住民像が明瞭になり，住民に対する洞察力の向上と内容の具体性が高まる，③開発活動にブレがなくなる，といった利点があります。ある行政では，HPのリニューアルで3つのペルソナを設定して業務をすすめ，高い住民評価を得ています。観光事業にペルソナを活用し，ペルソナの視点から，お米，陶芸，温泉，自然といった地元資源を活用した地域の観光ストリーを創造し，集客に成功した行政もあります。

◆ペルソナ・マーケティングの設定方法
STEP①：**代表的住民の設定：ペルソナに関する情報を収集する**
　細分化で収集した情報で，代表的な住民を設定します。情報が不足する場合は，インタビューも含めた追加の情報収集を行います。
STEP②：**ペルソナ住民の具体化：集めた情報を分類して整理する**
　住民は，生活上の課題を，心理的要因，行動要因の影響をうけながら，その解決手段として政策・公共サービスを活用します（p.87図参照）。ペルソナでは，年齢，家族構成，年収などの人口統計的なデータに加えて，生活上の課題，その解決に関するその人の取組みの様子，住民としての信条，さまざまな生活場面での行動と価値観，政策や公共サービスを利用する動機などを明記します。ペルソナ項目（右表参照）を参考にして収集した情報を整理します。
STEP③：**ペルソナ住民の明記：物語風に仕上げる**
　収集した情報に基づいて，ペルソナの人物像を箇条書きの必要情報から物語風に仕上げ，背景や使用場面が理解できる活き活きとした住民像にします。こうして，「この人はこのような問題に悩んでいる」といった心理的背景や「この人はこのように行動する」といった住民行動にフォーカスしたマーケティング活動に結びつけます。

　住民価値が機能的な内容から情緒的，感覚的，経験的な内容に移行している現在，住民の自助的な活動の実現を目的にする行政マーケティングには，住民の背景，心理的・行動的側面，生活経験などを理解することは重要です。

ペルソナの事例と調査項目例

STEP①：代表的住民の設定

STEP②：ペルソナ住民の具体化

STEP③：ペルソナ住民の明記

住民ペルソナ

名前	○○○○さん、

住民ペルソナ

名前	○○○○さん、			
年令	32歳、○○市生まれ、			
属性	女性			
家族	夫婦、夫35歳、子供2人（6歳女、3歳男）		交友	地域内
居住地	○○地区の戸建て		情報	マスコミ
学歴	大学卒（経済学部）		価値観	堅実 革新型
職業	出産まで貿易会社に勤務			
年収	○○○万円（世帯収入）			
生活	朝6時起床、朝食後、夫と子供の送り出し、週3日午後3時まで地元の会社で働く。その後、買い物や子供とのコミュニケーション。夕食は夫の帰宅後家族で。歓談後23時前後の就寝。交友関係は広く、情報交換はインターネットを使用する。			
課題	住民活動には強い関心がある。地域のつながりを重視して地域内の住民活動に参画している。行政について積極的に発言しコミュニケーション力がある。行政の成果と信頼性を重視し、現在の行政活動には改良の余地が大きいと感じている。			

住民ペルソナ（右側）

交友	ママとも
情報	ネット
価値観	健全 革新型

午中は家事に専念、午後は子供とのコミュニ
トを使用、夫の帰宅を待
で、対話による相互理解
理解把握につとめる。財
不満があり、行政の自己

ペルソナ項目

分類	項目
基本情報	名前、写真、重要点を示すタイトル、ユーザー区分
個人情報	年齢、恐れ／障害、動機／志／ゴール、居住所、結婚歴、家族、趣味、娯楽、交際、教育、家庭、個人的な特色、主な個人所有物、アドレス、社会的／政治的見解
その他	行政との関わり、市場規模、購買と影響力、政策を活用した生活のプロセス
仕事	典型的な活動、肩書き、ゴール、仕事の説明／職責、会社 挑戦している分野、うまくいかないこと、同僚関係、仕事のスタイル、典型的な仕事の流れ、主な能力、技術、プロフェッショナル意識 仕事に関するコメント、職歴、職場の描写、会社の意見、給与

P ポジショニング（Positioning）で独自性・優位性を明確にします

学習のポイント

　SとTは行政側から決定しますが，ポジショニング（P）は住民の視点からマーケティング活動を考えることです。これなしでは，多くのことが行政の押しつけ的な内容になります。マーケティングは常に住民視点です。

1. ポジショニング（Positioning）とは

◆ポジショニングの定義

　ターゲティングで対象住民が明確になると，対応方法の検討が可能になります。しかし，組織内で考えた対応方法は，いつも他のことができる，競合からの提案も考慮する住民からすると，それを敢えて選択する理由が不足していることがよくあります。ここに住民視点のポジショニングの意義があります。

　ポジショニングとは，「政策や公共サービスの提案を通じて対象住民に勧める行動を，対象住民の頭と心に，他とは異なる独自で有効なものとして位置づける」ことです（右図参照）。

　同じ駐輪規制でも「駅前整備のための駐輪規制」と「弱者の事故防止のための駐輪規制」では，住民の頭と心の中では大きな違いになります。後者が住民の頭と心の中に位置づけられると，住民の行動が自然と変わります。行政の巡回や回収作業が減少します。この行動の蓄積が社会を健全なものにします。

　コトラーは望ましいポジショニングとは，「あなたの提案が対案（代替的行動）と比較された際に，ターゲットからどのように見られたいかということ」[1]と説明しています。当然のことですが，政策・公共サービスの評価の主導権は提供側ではなく住民にあります。住民が認めないことが機能することはありませ

独 対象政策の位置づけ：ポジショニング

定義
政策や公共サービスの提案を通じて対象住民に勧める行動を、対象住民の頭と心に、他とは異なる独自なものとして位置づける

役割
①ベネフィットの向上
②潜在的ニーズの発掘
③関係者の協働確保

提案する政策を
・○○と見ていただきたい
・□□より重要で有益だと思っていただきたい

⇓

住民ニーズに対応した独自の政策内容

ん。ポジショニングは，政策，公共サービス，施設，組織に活用できます。

◆ポジショニングの役割

同じ住民層に同じ目的の政策や公共サービスを提案しているのに，政策や組織への住民支持に差が出てくる事例はたくさんあります。政策や公共サービスの内容が同じでも，位置づけのあり方で住民の評価は異なります。

ポジショニングは，マーケティング戦略の策定において，特に自助的行動を妨げる要因や障壁との関係で，重要な役割を果たします。3つの主要な役割があります。

①**便益の向上**：障壁や競合との比較から住民の知覚便益をより高める。ポジショニングは，障壁や競合との比較からの住民適合活動である。住民のこれまでの「価値観」といった障壁や「他にもできる魅力的なこと」を提示する競合との比較検討から，より適切な住民対応のヒントが得られ，住民の自助的活動と満足を高める政策の開発に結びつける。

②**機会の開発**：潜在的住民ニーズを発掘でき独自の位置を発見できる。障壁と競合との差異検討から住民ニーズの本音に迫ることで，住民の潜在的

ニーズを発掘することができ独自の提案を可能にする。
③**協働の確保**：独自で魅力ある政策は関係者の協働が得られる。有効な着眼は提案内容の意義を高め，関係する協働者のモチベーションを向上させ協力が得られやすくなる。また潜在ニーズへの対応から新しい組織能力の開発にも貢献する。

◆変化に際しての便益，障壁，競合の存在

コトラーは住民ニーズへの対応で競争に影響するものとして，下記の便益，障壁，競合の3つを要因[2]とします。慣れ親しんだ「現状」はもっとも手強い競合相手です。ポジショニングでは，提案する政策・公共サービスの便益を高め，障壁と競合を克服または回避できる，独自のものと理解される位置づけを考えます。ポーターは「戦略的競争とは独自性をめざす競争であり，他とは異なる道筋を選ぶこと」[3]とします。

①**便益**：ターゲットが提案された行動を受け入れてもよいと思わせるもの，あるいは動機づけとなり得ると見込めるものの創造。

②**障壁**：ターゲットが提案された行動を望まない，その行動を採用できないと思う文化的（価値観），社会的（影響集団の影響），心理的（知覚や学習）理由の克服（p.87，p.131図参照）。

③**競合**：ターゲットが，提案者が思い描く行動の代わりに現在採用している行動（喫煙）。もしくはターゲットが好む行動（喫煙，脂肪摂取），またはそういった行動をターゲットに薦める組織への対応。

◆優劣から独自性の追求に（右図参照）

ポジショニングには2つの段階があります。最初の段階はポジショニングマップ内での位置どりです。住民が評価する重要要因でマップの軸の要因を決定し，障壁や自組織の政策・公共サービスと競合する政策・公共サービスをマップ上に配置して検討します。そこから住民ニーズを特定しながら，他とは重ならない空間に，自組織の政策・公共サービスのポジションを決定し，コン

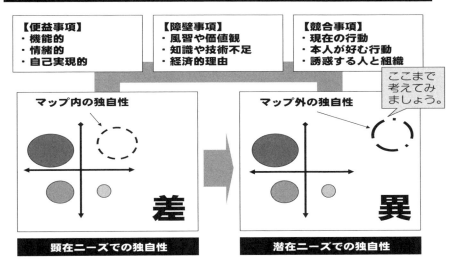

セプトの創造につなげます。「差や程度」を中心としたポジショニングです。

次の段階が，ポジショニングマップ外での位置どりです。政策・公共サービスのポジショニングマップ内の検討から，マップ外に独自の位置づけを創造することです。それはマップ内での重ならない空間を発見するのではなく，マップ外に他とは異なる独自の政策・公共サービスとして理解してもらえる領域を発見することです。「独自性」を主眼としたポジショニングです。

例えば，図書館を，図書の貸出と保管，その管理のための「書庫施設」と位置づけて検討するのではなく，住民の生活支援の「提案空間」と位置づけることです。「住民が必要とするものを予期せぬ形」で提案します。これが住民本人も気がついていない潜在的なニーズとウォンツを発掘し，住民にとってより有効な社会的行動を喚起します。

2. ポジショニングの設定手順

ポジショニングの検討で留意すべき点が2つあります。1つは，住民に伝え

る価値の位置づけを明快でシンプルにすることです。多いと住民への訴求が弱まります。

　もう1つは，自組織の能力の評価です。優れたポジションが発見できても，自組織の能力では対応できない場合があります。この場合は，組織能力の改革可能性を検討して決定します。

　ここで，可能性に固執しすぎると「できること」しか実施しない，現状維持的な政策だけになります。必要な内部能力を住民の視点から改革することで，住民志向の組織に近づくことができます。改革志向を優先します。

STEP①：**政策・公共サービスの受容・行動要因を抽出する**

　ポジショニング検討対象の政策・公共サービスに関する住民の認識から行動までの要因を明らかにします。

STEP②：**ポジショニングの軸になる要因の決定と対象の配置をする**

　ポジショニングの検討では，フレームワークの1つであるポジショニングマップを使用します。明らかにした要因から重要要因を選択し，それをマップの縦軸と横軸の要因にします（前ページ図，p.147図参照）。要因の選定では，「価値」と「コスト」，「品質」と「技術」といった相関性の強い要因の選定は避けるようにします。

・住民ニーズへの対応を中心にしたポジショニング
・政策・公共サービスの特性を活用したポジショニング
・競合との優位性を考えたポジショニング

STEP③：**ポジショニングの検討をする**

　住民が認識できる特徴要因は1〜3程度であることから，重要な要因に絞り込み，明確で独自性のあるポジションを考えます。訴求点が多いと「結局はどんな特徴ですか」といったことになります。

・住民ニーズに適合する位置を探す。
・競合より魅力ある位置，独自性のある位置を探す。
・意義ある位置が発見できなければ軸の要因を他の要因にする。

STEP④：**独自のポジショニングを決定する**

　下記の事項を参考にして(4)，対象となる住民ニーズへの適合性，他の類似サービスとの差異，強みの発揮，そのポジショニングでの目的遂行性を検討し，ポジショニングを決定します。

・重要性：住民がそのポジショニングを重要であると認識するか。
・共感性：住民がそのポジショニングに共感するか。
・独自性：住民がそのポジショニングを他と差異があると認識するか。
・信用性：住民がそのポジショニングを信頼（対誇張）できると判断するか。
・実現性：そのポジショニングは強みが活用でき実現可能か。
・整合性：そのポジショニングは組織と整合性があるか。

STEP⑤：**ポジショニングの表現**

　コトラーはポジショニングの表現の基本形として下記を紹介(5)しています。

　②私たちの望む○○行動を「③○○とみなしてほしいし」の部分と，「④○○より重要でより有益であると思ってほしい」の部分がポイントです。この二つの表現で，提案する政策・公共サービスは，住民の課題解決を支援し，他のモノやコトでは代わりにならないことを訴求します。

```
        ポジショニングの表現方法
 私たちは
  ①対象住民          ：「            」に
  ②私たちの望む行動    ：「            」を
  ③わかりやすい内容表現：「            」と
                       みなしてほしいし
  ④競合する行動       ：「            」より
                       重要で、より有益であると
                       思ってほしい
```

　次に，ターゲティングで把握した「住民ニーズ」と，ポジショニングでの住民の障壁と競合と比較した「独自性」から，政策・公共サービスの価値を左右する政策・公共サービスのコンセプトの策定を行います。

C 政策・公共サービスのコンセプト（Concept）を創造します

学習のポイント

どの住民ニーズに対して（ニーズ），どのような政策・公共サービスを（ベネフィット），どのようなノウハウを適用して（シーズ），どのような体系的な方法で提案するか（ミックス）を決定するコンセプトは最重要事項です。

1. 政策・公共サービスのコンセプト（Concept）とは

◆コンセプトの定義

住んだことのない人に，自分の街の魅力を言葉で表現するとしたら，どのような内容になりますか。○○市では「母になるなら○○市」と表現し，若いお母さんの心を捉えました。これがコンセプトです。「住民ニーズを独自に充足する政策や公共サービスのベネフィットを，わかりやすい短い言葉で表現した内容」です。街にきたことがない人や公共サービスを使ったことがない人が，特に知りたいその人にとっての価値です。

コトラーはコンセプトを，「政策や公共サービスとして住民に提供することが可能なアイデアを，住民によくわかる言葉で練り上げて表現したもの」[1]とします。利用する前に利用したいと思わせる「その物事（モノとコト）が持つ住民にとっての特徴的な新価値」の提案です。

コンセプトの中心にあるのは，「住民が政策や公共サービスから知覚する価値」です。住民が価値あると評価し，それを受容・行動する政策や公共サービスとは何かを明確にします。住民は価値の共創者です。住民の自助的活動に結びつかなければ，政策・公共サービス，そして行政活動は役割を失います。

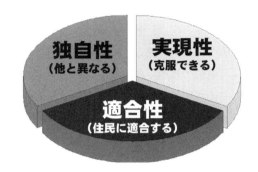

◆コンセプトの役割

コンセプトには，政策や公共サービスの成果を左右する，3つの重要な役割があります（上図参照）。

①**住民ニーズへの適合**：ターゲティングとポジショニングから抽出できた顕在・潜在ニーズに対して，望ましい行動の実現を可能にするベネフィットの束である政策や公共サービスを，ニーズに適合するひとつの意味ある全体としてまとめあげ，住民や関係者に的確に伝える。

②**独自性による対応**：独自性のあるコンセプトは，障壁克服と競合との差異実現を可能にする。それが住民ニーズへの適合性と重なり，組織内の能力（強み）で具現化されることで，意義ある課題解決の提案になる。

③**実現性の向上**：コンセプトは住民ニーズを翻訳したものであり，マーケティング活動の一貫性を保つ指針であり，活動にかかわる意思決定のより所になる。コンセプトを組織活動に浸透させることで，適合性と独自性のあるマーケティング活動の実現性を高める。

◆コンセプト重視の背景

　政策形成でコンセプトが重要になっています。的確なコンセプトの提案ができなければ，住民の認知や理解はなく，政策・公共サービスはその役割を果たせなくなります。この背景には，下記の要因があります。

① **【住民の視点】** 環境のグローバルな変化から住民生活が激変しており，行政には前例踏襲ではない新視点での政策形成が求められている。

② **【競争の視点】** 他との競合が激しくなり，それに対応する政策や組織に競争への最有力要因である独自性が不可欠になっている。

③ **【組織の視点】** 経営資源の量的限界が明らかになり，より少ない資源で成果のあがる政策と公共サービスの創造が求められている。

　社会経済の変貌は住民生活を大きく変えつつあります。地方消滅予測から都市間競争は激しさを増しています。人口減少，貧困や格差拡大といった，問題が顕在化して大きくなってからの後追い的な政策立案では，予算が膨らむ割には成果は乏しく，常に補正対策が常態になり，限られた経営資源がさらに浪費されます。「先行型事業」「住民との共創による補助金ゼロ事業」「予算ゼロ事業」といった新視点が求められています。

◆コンセプトで組織を改革する

　これからの政策形成に求められていることは，前例や既存の枠内にとらわれた追随型の政策形成ではありません。法令の範囲で政策を考えるといった発想では，上位目的の達成を損ないます。企業でも，自社の技術が可能な範囲で製品サービスの開発を考えることは，技術の陳腐化と組織の自滅を意味します。法令的な検討は，最初ではなく最後のステップです。コトラーの言葉を借りると，つらい現実から薬物を使用している人に「法令違反だから使ってはいけない」[2]ということは稚拙な方法になります。

　政策と公共サービスの担当者に必要なことは，住民ニーズを把握し，その適合に向けて法令の改正や自組織の改革を決意させるほど，魅力的な政策・公共サービスに関するコンセプトを創造することです。

住民価値			コンセプト	4C
総住民価値	政策価値①物的財	政策の内容である建物、施設、特徴、器具、使用材料などの品質、耐久性、信頼性など	福祉の最大化　障壁の克服　コストの最少化　コンセプトで最適増減	住民価値　住民コスト　住民協働　住民対話
	政策価値②サービス財	政策の内容であるサービスに関する利便性、有用性、適時性など		
	職員価値	職員の能力、姿勢、信用、信頼感、反応の早さ、コミュニケーション力など		
	イメージ価値	地域や組織のイメージ、ブランド		
障壁・競合	障壁	従来からの認識・考え方・価値観・世界観の変更や放棄、従来からの行為・行動・習慣の変更や放棄		
	競合	住民が、勧める行動の代わりに現在行っている行動、またはその行動を勧める他の人や組織		
住民コスト	金銭的コスト	税金、手数料、保険料、医療費、維持費、交通費、配送料、会費		
	時間的コスト	探す時間、理解する時間、手に入れる時間、交渉する時間などのコスト		
	エネルギーコスト	離れた地点への移動、窓口に並ぶ、様々な手続きをする身体的コスト		
	心理的コスト	大きな建物、無愛想な対応、難しい説明、権力の執行、旧態のイメージ		

2. 住民価値と政策・公共サービスのコンセプト

◆住民価値の内容（上図参照）

コトラーは「住民価値は，住民が政策・公共サービスを認識し行動することによって得られる価値と，その政策・公共サービスを獲得するためのコストの差額によって決まる」[3]とします。

つまり住民価値とは，住民が政策や公共サービスの認識から行動に関して，住民が知覚するベネフィットの総量と，それを手に入れ行動する際に支払ったと知覚するコストの総額との差になります。

住民はコストを支払ってベネフィットを受け取り，活用と行動を通じて価値を感じとります。提案側はベネフィットとコストを，住民ニーズにあわせてバランスさせることで，住民価値を増大させることができます。さらにそのベネフィットは，ポジショニングで検討したように，住民が受容し行動する際に感じる障壁や競合が提案する誘因を，克服したものでなければなりません。

行政は，コンセプトでベネフィットとコストの最適化を検討して住民価値を創造し，行政マーケティング・ミックス戦略（5章）でそれを具現化します。それはマーケティング体系で，「最少コストで最大福祉」を実現することです。

◆望ましい行動の実現

　住民に行動の変革を求め，「望ましい行動」を実現することは，行政マーケティングの大きな特徴です。この望ましい行動とは，対象住民が受け入れ（始めてほしいこと），拒絶し（望ましくない行動），変更し（更に広げる），やめるよう（望ましくない行動を）影響を与えようとする行動です。
　コトラーは，対象者が採用する見込みのある行動に関して，住民，競合，協働，組織の観点から次の要因が重要とします[4]。コンセプトで実現します。
　【住民】対象住民が採用する意図，スキル，資源があること。
　【競合】他の組織によって現在取り扱われていないこと。
　【協働】主要な住民からの支援があること。
　【組織】組織の方針と適合し専門知識と資源があること。

3. 政策・公共サービスのコンセプトの設定手順

◆STPの総仕上げ（p.153～155図参照）

　対象住民の細分化（S：セグメンテーション）と対象住民の選定（T：ターゲティング）で，対象住民のニーズとウォンツを把握します。ポジショニング（P）での障壁や競合との比較から，より目的の達成に結びつくニーズ要因を抽出します。この後，把握したニーズを具体的に充足する政策や公共サービスの価値を，住民が理解できるコンセプト（C：創造）として仕上げます。
　コンセプトの成否は，政策や公共サービスの成果を決定づけます。たとえ政策内容が良好であっても，コンセプトが住民に受け入れられない内容の場合は，その政策・公共サービスの社会での成果は半減します。
　最適なコンセプトは，対象住民の既存概念を揺り動かし，「そこに住みたい」

として住民の支持を獲得し，結果，住民が自発的に行動する支援策になります。STPに続いてコンセプトを考えることがなければ，政策の成果はありません。企業では，製品コンセプトが不十分な製品には，失敗が約束されています。

　住民ニーズを見出し，その充足に向けて自組織シーズ（政策・法務・技術能力などの強み）の有効活用などを検討します。政策アイデアを創出し，それを集約して評価し，一貫した活動指針となるコンセプトを策定します。

STEP①：中核的なベネフィットを確認する

　対象になる課題に関する住民ニーズの抽出からスタートします。ターゲティングで収集した住民に関する情報から，「〜で困っている」「〜したい」「〜になりたい」といった住民ニーズを整理します。次に，住民ニーズを充足するベネフィットを，ポジショニングで検討した内容を活用してアイデアとして抽出します。ベネフィットの種類については，p.167「便益（ベネフィット）の種類」を，アイデアの視点としては，次ページの「政策アプローチ視点」[5]を活用します。

STEP②：コンセプトのアイデアを評価する

　アイデアの評価を通して複数の有力なベネフィット（〜ができる）を選択し，成果に結びつく政策・公共サービスの内容を明確にします。並行して政策策定に関係する人たちの間に，コンセプト策定において何を考慮すべきかが共有されて，それ以降のマーケティング活動が一貫したものになります。必要に応じて市場調査やインタビューでコンセプトの検証や評価を行います。

STEP③：政策・公共サービスのコンセプトを策定する（p.153図〜参照）

　住民の課題解決に貢献するベネフィットが決まったら，それを住民の視点からわかりやすく表現します。コンセプトには，以下のような項目が含まれます。プロジェクト企画や予算要求・査定などでの求められる企画内容に応じて項目を選択して策定します。⑩〜⑬は個別戦略の設定後，加筆します。

　【対象とコンセプトを明らかにする】
　①名称：意図を表す名称をつける。
　②目的：なぜ策定し実施するのかを明らかにする。

住民ニーズとウォンツに対応する政策アプローチ視点

税
① 新しく税を賦課する，既存の税を廃止する
② 税率を変更する，課税ベースを変更する
③ 徴税機構を改善する，外部性に課税する

規制
① 新たな規制制度を導入する，または既存制度を廃止する
② 新たな基準を策定する，または既存の基準を廃止する
③ 既存の基準を強化，あるいは緩和する
④ 何かを全面的に禁止する
⑤ 基準策定のために，科学的・技術的基盤を強化する
⑥ 抜け穴を閉じる，または広げる
⑦ 執行担当官を増員・訓練・監督強化する
⑧ 違反者を捕捉するために執行のターゲットを改善する，抑止力を向上させる，あるいは資源利用の効率性を高める
⑨ 制裁を強化あるいは緩和する
⑩ 争訟手続を厳格化あるいは簡素化する
⑪ 報告・監査手続きを変更する
⑫ 従業員や市民の苦情処理システムを追加，除去，または改善する

> ここからコンセプトの政策視点を入手します。

補助金・交付金
① 新しいメニューを追加する
② 既存のメニューを廃止する
③ 補助額を変更する，補助率を変更する
④ 算定式を導入,廃止,または変更する
⑤ 受給資格要件を変更する
⑥ 執行を緩める，執行を厳格化する

サービスの提供
① 新しいサービスを追加する，既存のサービスを拡充する
② 現在サービスを活用していない人々・組織へ対象を広げる
③ 既存のサービスを特定の対象者向けにカスタマイズする
④ サービスを利用するためのバウチャーを支給し，利用者がサービス提供者を選べるようにする
⑤ 複数の既存のサービス提供システムをつなげ，サービスの相乗効果を活用したり，利用者の利便性を高めたりする
⑥ 以下の方法によってサービスの利用にあたっての負担を軽減する
　　オンライン化，利用枠・利用資格の適合判断を電子化，書式を簡素化，サービス提供場所を集約，電話での予約を受け付ける，問い合わせや苦情相談をしやすくする，支払方法を改善する

4章　マーケティング策定編　行政マーケティング基本戦略の策定と政策・公共サービスのコンセプトの創造

組織の予算	①予算を大幅に増やす，予算を小幅に増やす ②予算を昨年のレベルに維持する，予算を小幅に減らす ③予算を大幅に減らす（組織廃止の端緒となるまで） ④1つの予算を他の予算に移し替える
情報	①情報開示を求める，政府による格付けや認証を行う ②表示や書式を標準化する，情報を簡素化する ③情報提供に補助金を支給する，情報の普及に補助金を支給する
個人の権利	①契約上の権利・義務，財産権，債務，家族法 ②憲法上の権利，労働法，会社法 ③刑法 ④訴訟と裁判以外の紛争解決制度
経済活動の枠組み	①競争を促進する，集中を促進する ②価格と賃金（そして利益）をコントロールする ③価格と賃金（そして利益）のコントロールを解除する ④生産レベルをコントロールする ⑤生産レベルのコントロールを解除する ⑥政策減税を増やす，または減らす ⑦公的雇用を提供する，公的雇用を削減する
教育と相談	①危険性を警告する，奨励や刺激によって意識を高める ②技術支援を行う，技能や能力を向上させる ③価値を変える ④訓練，認証付与，免許付与によるサービス提供者の専門化
資金と委託	①新しい（官製）市場を作る，既存の（官製）市場を廃止する ②払い戻し率を変える ③払い戻しの基準を変える（例：原価加算式，単位価格式，重量変動制，能力給またはペナルティ） ④政府保有資産を貸し出す，使用料の体系を変える ⑤入札システムを変更する，契約履行方法を変える ⑥ローンを提供する，ローンを保証する ⑦ローンに補助する，公的企業を立ち上げる ⑧公的企業を解体する，既存の公的企業を民営化する ⑨保険の条件を修正する，調達方法を変える

※政策コンセプトを検討する際の視点です。①社会への貢献，②住民満足向上，③競争優位，④協働促進を念頭において活用します。

③目標・方針：目的の達成を確認できる目標値と方針を設定する。
④対象住民：対象住民を明確にする。
⑤住民ニーズ：対象住民が求めるニーズとウォンツを明記する。
⑥コンセプト：政策の意図をわかりやすい明瞭な文章で明らかにする。自助的活動の実現を明記する。
⑦ベネフィット内容：住民にとって価値（役に立つ）があるか。表現には，「機能的ベネフィット」「情緒的ベネフィット」「自己実現的ベネフィット」「社会的ベネフィット」を活用する。
⑧独自性：今までの政策や他の政策とどこが違うのか。独自な点はどこにあるのか。コンセプトは対象住民にとって，その特徴が明瞭で使いやすくなければならない。
⑨シーズ対応：どのように作るのか，自組織の強みを活かして実現できるか。

【コンセプトを具現化する4Cのポイントを明らかにする】
⑩住民価値：コンセプトをベネフィットの要因と政策・サービスの3層で表現する。
⑪住民コスト：コストは金額的な要素と，住民の認識から受容後の行動において，住民が支払う犠牲全てがコストに含まれる。
⑫住民協働：どのように届けるのか。どこで受容してもらうか。協働や共助，共創を活用する方法を明記する。
⑬住民対話：対話は十分か，内容に適したコミュニケーションを設定する。

STEP④：コンセプトを合意・共有する

　創出したコンセプトは，関係者との合意と共有を図ります。合意のポイントは，内容が「対象者の行動を変えられるか」の効果性にあります。このためには，①住民：意義のある価値（ベネフィット）の提案になっているか，②競争：競合と比較して独自性があるか，③組織：実現可能であり，それを認識し行動するコストは最小限になっているかを確認します。

　コンセプトは，政策・公共サービスの全体に貫かれる構想ですから，関係者

政策・公共サービスコンセプトの内容

①名称	第7回○○健康スポーツ大会 ―楽しさと感動の交流―
②目的	住民起点のスポーツ・イベントの開催により，住民の健康促進，地域の活性化，住民の参画拡大を促し，住民の活力向上と交流人口の増加につなげ，「スポーツと健康の街（健康に暮らせる街）」としての持続的な発展に貢献する。
③目標・方針	【目標】 ・参加人数：○○人（前回比○○％） ・交流人数：○○人（前回比○○％） ・自宅で運動している人の割合向上：○○％ ・学校クラブと地域クラブ参加者数増：○○人 ・宿泊客：○○人（前回比○○％） 【方針】 ・スポーツを通じた健康と地域活性化の意義を明確に。 ・地域の独自性を盛り込む。 ・住民知覚コストの最小化を徹底する。 ・地域からの情報発信を強化する。 ・市内の自然や歴史・文化などの関連施設への誘導を促進する。
④対象住民	・**中核対象**：地域内小中高校生約○○人 　　　　　　　一般市民約○○万人 ・**サブ対象**：交流人数約○○万人 　　　　　　　マスコミの取材件数○○社
⑤住民ニーズ	・**住民ニーズ**：調査では市民のスポーツへの見方が，人生を健康で豊かにする1つの重要な方法として70％の支持がある。市政調査でも「健康維持」や「軽スポーツ参加」に関する要望が高まっている（重要性評価は3年間で75％に。ランクは3位に）。 ・**交流者のニーズ**：地域の関連施設，宿泊，飲食施設の紹介に集中。
⑥コンセプト	・**テーマ**：楽しさと感動の交流 　市民一人ひとりがその時々で自分にあった軽スポーツを選択して実践することで，スポーツを「する」楽しさと「観る」ことによる感動の体験で，健康の大切さとすばらしさを納得してもらい自助行動に結びつける。

> コンセプトは適合性，独自性，優位性を考慮します。

- **独自性**：スポーツ選手の演技とトークを交えてスポーツのすばらしさと健康維持の関連に興味を持ってもらう。学生には挑戦意欲と夢をもってもらう。スポーツ選手には，定期的なコーチングをお願いし，地域スポーツの振興に結びつける。
- **行動変革**：市内の健康とスポーツに関係するチームや団体を紹介し，健康への行動変革の糸口を提供する。
- **地域体制**：主催者側の受入体制を万全にする。

⑦ベネフィット内容

> ベネフィットの3層を活用します。

- **機能的ベネフィット**：生涯スポーツの意義浸透。スポーツを通して健康状態を向上させることが，豊かな生活実現の基盤であることを理解してもらう。
- **情緒的ベネフィット**：スポーツの爽快感と気軽に始められる機会と身近な施設があることを知らせる。
- **自己実現ベネフィット**：「地域の人々の健康と豊かな生活」に貢献するには，住民各自が「少しでも健康な生活をおくる」ことが地域社会の負担を軽減することになり，大きな社会貢献にもなることを強調する。

⑧独自性

- **利便性と専門性の共存**：参加しやすい利便性と地元出身のスポーツ選手が多い強みを活かした専門性も交えた大会にする。これにより市の快活なイメージ，健康増進への積極性，地域内コミュニケーションの良さを表現して，他競合イベントとの違いも明らかにする。

⑨シーズ対応

- **適合性**：既参加者からの豊富な情報の蓄積と市民参加の企画体制，参会者の増加傾向の継続
- **独自性**：年代別のスポーツ企画，指導面の充実
- **優位性**：地元選手の多さ，強力な地元の協働体制

⑩住民価値

> 提供物の3つのレベルを活用します。

- **実施するスポーツの種類**：総数は前回と同じ。全員共通7種類，子供用2種類，学生2種類，女性用3種類，高齢者向け2種類にする。
- **改善**：前回まで実施してきた○○は廃止し，新スポーツ2種類を加える。
- **施設**：市民運動施設の開放と使用時間の拡大。使用用具の調達。一部施設の補修の実施。
- **技術指導**：強化する。学生向けは選手が，参加者と高齢者にはスポーツボランティアが担当。
- **コミュニケーション**：住民との相互交流を徹底する。挨拶，短い会話の徹底，道案内は丁寧に。

マーケティング策定編　行政マーケティング基本戦略の策定と政策・公共サービスのコンセプトの創造

	・**地域活性化**：施設の紹介や市民の受け入れ体制を示すことで，スポーツ大会の誘致や夏のリゾート＋合宿場所としての浸透を実現する。 ・**人材**：ボランティア精神の養成 ・**ブランド化**：全体のデザインは統一する。
⑪住民コスト 金銭的コストと非金銭的コストを考えます。	・**金銭コスト**：参加料は，利便性から一般参会者は一律にする。それ以外は無料。特産品の提供は，試食経験を重視し，期間中は割引きで金銭コストを低減。商工会議所との調整必要。 ・**移動コスト**：鉄道の利用を推奨し，駅から施設や宿泊所へは，観光協会の協力でホテルバスを定期運行し，地域内は巡回バスを走らせ移動コストを低減する。
⑫住民協働	・**構成**：地元協働ネットワークの積極的活用，地元協力団体の組織化推進，ボランティアの協力促進とリーダー会の設置 ・**展開**：企画段階からの市民・関係機関の協働実施，全体研修の実施
⑬住民対話	・**広告**：地元テレビとラジオの活用 ・**販売促進**：健康催事の開催，来街者への挨拶励行で心理的コストの低減 ・**パブリシティ**：新聞への掲載依頼 ・**営業**：旅行会社への直接訪問での説明
留意点	※上記内容はやや詳しく記載しています。実際は政策の重要性や説明の必要性から詳細は調整します。 ※コンセプトを含めた全体の計画書の策定方法はp.220の「計画策定マニュアル」を参照して下さい。

全員で共有します。これにより全員が同じ方向で個性を活かしながら，政策・公共サービスを検討，創造，提案することが可能になります。

4. 政策・公共サービスのコンセプトと予算編成との関係

◆成果とそれを可能にするエビデンスが不明確

変化する社会では，常に問題が発生しています。職員は日々住民と接しなが

らそれらの問題を把握し，行政が取り組むべき課題であれば，職場でその解決方向（コンセプト）を考えて，当年度や次年度の政策案候補とします。

予算時期になれば，予算編成方針に基づいて予算要求を行います。その要求内容は，①政策の目的と目標の明記，②他政策との一貫性と整合性，③政策の重点概要，④他での事例の並記，⑤経費の積み上げなどの事項が一般的です。予算査定も，①政策の必要性，②編成方針との合致，③住民・議会からの要望確認，④経費や人件費の算定根拠，⑤財源の確認が中心です。

ここにも課題があります。例えば，①予算編成方針の多くが要求時のルールを示すものが中心で，政策の重点内容を明示する戦略的な部分が少なすぎます。②予算要求をする事業部門では，マーケティングとマネジメント力の不足から，新政策立案機能が衰えています。③財政部門は，財政が厳しいと言いながら，後に白紙撤回になる「大規模な運動公園の整備事業」を認めるなど，住民起点の査定姿勢が問われています。

予算編成全体が政策の必要性の強調と財源確保に傾斜し，政策の住民・社会にとっての成果と成功に関するエビデンスの検討が不足しています。国の方針に合致，補助金がつく，他でも実施しているといった他律的な予算編成では，成果が期待できません。

◆必要なのは住民ニーズへの対応と成功のエビデンス

最重要な政策形成過程といわれる予算編成には，マーケティングの適用が必要です。予算要求と査定は，住民ニーズに適合し，障害を克服する，自らの強みを活かした，住民の自助的行動の実現を支援する政策コンセプトの提案と査定でなければなりません。新コンセプトの創造なくして，前例踏襲の廃棄も現政策の改良も，さらに新政策の創造もありません。

公務員と行政組織は，社会の安定と発展に貢献できる政策コンセプトを創造するSTP-Cプロセスを活用した，成功のエビデンスに基づいた政策形成が強く求められています。

5章 マーケティング展開編

行政マーケティング・ミックス戦略の策定

M市のマーケティング改革　（5）創造展開

政策形成プロセスにマーケティング・ミックス戦略を適用します

（マーケティング導入検討会5：経営企画部）

◆出てきた成果
主査：成功事例として地域塾研修生の活躍があります

課　長：職員が予算編成時の予算要求や予算査定で，マーケティング体系を活用した資料で説明するようになっています。これまでの発生型問題への対処といった傾向が強かった政策に，先行型，創造型の政策が増えつつあります。地方創生の成功にも貢献しています。

係　長：地元のニーズを踏まえた国や県のモデル事業への応募が増えています。期間内に成果を出すため，マーケティング・プロセスを適用した，戦略的な計画立案と実践が行われています。いくつかの事業は新聞でも成功事例として取り上げられました。この積極的な取組は，行政評価外部委員からも「戦略的思考になった」と評価されています。

主　査：地域活性化事業の一つで自前の新規事業である「地域塾」が進化しています。修了者同士の異業種交流が図られると共に，塾で習得したマネジメントやマーケティングを活用して経営改革を行い，自己企業の業績アップや事業交流，市全体の活力向上の集団として活躍しています。地域のブランド化にも貢献しています。

主　任：職員にも変化が見られます。課内の政策や公共サービスの検討で，「市民ニーズへの適合は」「独自性は」「税金投下に見合う成果は」「国や県との交渉は」といった言葉がよく使用されます。これは予算要求書の記載内容にマーケティングの考え方が反映されたこともあります。私たちがこれまで進めてきたマーケティング改革が，確実に成果に結びついています。

5章　マーケティング展開編　行政マーケティング・ミックス戦略の策定

◆マーケティングで追求する
課長と主査：まだまだ地方の困窮は深刻：マーケティングが得意になります

課　長：それでもまだ，地方の困窮を押し止めることはできていません。困窮は弱者に集中し，失業，貧困，治安の問題を発生させます。しかも，我々の手持ちの資源は先細りです。我々は予算の膨張ではない，まさに「最少の費用で最大の福祉」を実現する地力が求められています。

主　任：マーケティング改革で成功しているＡ区の区長さんは，「公務員の役割は福祉の向上であって税金を使うことではない。例えば，区民ガイドブック事業のように，民間企業の営業活動を認めることで，予算ゼロでも事業を遂行することができる。前例を疑い，区民が真に望むこと，認めるコスト，区民との共創，コミュニケーションの仕方を考えることで，より価値のあることが可能になる」とし，「予算ゼロ事業」の活用で，職員の意識と仕事のやり方を区民の目線から改革しています。マーケティングの習得は公務員である我々の責務です。

主　査：マーケティング研修の講師の方も，「各地方が抱える問題は深刻である。もはや行政は，企業以上にマーケティングが得意にならなければならない。コトラーの達見である「マーケティングとは地域の資源を地域のニーズに合わせる」ことを実践しなければならない」と，我々の先送りしがちな姿勢を諌めてくれました。我々は，コンセプトを具現化する住民価値，住民コスト，住民協働，住民対話の戦略4Cを使いこなせる能力が求められています。

係　長：政策・公共サービスのコンセプトは，4Cの個別マーケティング戦略で具現化されます。住民価値戦略で住民の見えるものに，住民コスト戦略で価値が感じられるもの，住民協働戦略で使えるもの，住民対話戦略で理解できるものになります。この実行にはマネジメント力が必要です。私たちは，マーケティングとそれを支えるマネジメントを修得しなければなりません。

マーケティング・ミックス戦略の変遷と概要

1. 社会化に向けて進化するマーケティング・ミックス戦略

◆マーケティングの進化：4Pから4Cへ

　内外の環境分析による政策課題の決定（3章）→実現すべき行政マーケティング目標と方針の設定（4章）→その達成のための行政マーケティング戦略の策定（4章）→STP-Cプロセスによる目標実現に向けて提案する政策・公共サービスのコンセプト創造（4章）と進んできました。最後は，そのコンセプトを具現化する行政マーケティング・ミックス戦略の策定です。

　マーケティング・ミックス戦略は，様々な工夫や創造が可能なマーケティング領域です。このマーケティング・ミックス戦略では，ミシガン大学のマッカーシーが1960年に提唱した「4P」が活用されています。しかし，4Pは提供側の意向が強過ぎるということから，1993年にノースカロライナ大学のラウターボーンが，受け手側の視点に基づく「4C」を提唱します。それは，顧客価値（CustomerValue），顧客コスト（CustomerCost），利便性（Convenience），コミュニケーション（Communication）の4Cの組合わせです。最近は，4Cで考えて4Pで具体化するといった方向が取り入れられています。行政のマーケティングでもこの方向を採用します（右図参照）。

◆マーケティングの社会化：4Cから4Sへ

　4Pから4Cへの流れと，コトラーのマーケティング3.0の社会貢献重視の潮流を考えると，マーケティングはもはや自組織だけではなく，社会にとって何が必要なのかを考える時代に突入しています。マーケティングの社会化志向は今後，さらに進展することが予測され，マーケティング・ミックス戦略は，社会的価値を重視する「4S」の方向に向かうことが考えられます。

　行政とそこで働く公務員は，国や県の方針だから，上司の指示だから，自分がやりたいからといった発想ではなく，住民・国民接点を担っている職責か

マーケティング・ミックス戦略の3つの視点

4P 提供視点	4C 住民視点	4S 社会視点
製品 Product	住民価値 Customer Value	社会的価値 Society Value
価格 Price	住民コスト Customer Cost	共創分担 Share of Co-creation
流通 Place	住民協働 Customer Collaboration	協働システム System of Collaboration
販促 Promotion	住民対話 Customer Communication	共感 Sympathy

ら，住民が生活する社会的価値からスタートすることが，使命の遂行でますます重要になります。コストは社会的価値の共創コストとして分担し，住民や関係者と協働して成果の産出を喜び合う共感（Sympathy）のマーケティングが新しい未来を切り開くことになります。

以上がマーケティング・ミックス戦略の進化の方向ですが，行政は業務・政策領域が広いことから，「4S（社会）」を意識しながら，「4C（住民）」の視点を中心として，「4P（物事）」のミックスも活用します（上図参照）。

2. 行政マーケティング・ミックス戦略とは

◆行政マーケティング・ミックス戦略の定義

コトラーは，マーケティング・ミックスを「標的市場でねらいどおりの反応を引き出すために組織が構成する，コントロール可能なマーケティング・ツールの組合わせ」[1]とします。4章で学習した行政マーケティング基本戦略と政策・公共サービスのコンセプト（C）の意図を，4つの機能別マーケティング分野に翻訳し，それを行政マーケティング・ミックス戦略として編み上げて，顧客である住民に「望ましい行動」を具体的に提案します。

住民ニーズに対応して，知覚便益の向上（住民価値／CustomerValue：住

民にとっての価値）と住民障壁の最少化（住民コスト／Customer Cost：住民の負担軽減）で，政策・公共サービスを創造します。住民価値である政策・公共サービスの特徴にあわせた最適な協働活動（住民協働／Collaboration：住民との共助・共創）で，住民の経験を活用した住民価値の実現を計画し，それを利便性の高い流通で住民に届けます。これらの活動は，双方向の最適な対話コミュニケーション（住民対話／Communication：双方理解）で情報の交換とプロモーションを通じて利用促進を図ります。この4つの戦略を「組み合わせる」ことで，住民にとっての価値の最適化に挑みます（右図参照）。

◆行政マーケティング・ミックス戦略の役割

　行政マーケティング・ミックス戦略は，4つの連続した戦略策定のプロセスではなく，各戦略の検討における発見や決定から，お互いに修正をしながら一貫性と整合性を実現します。下記の3つの主要な役割があります。

①**一貫性・整合性の実現**：一貫性は垂直的な関連で，行政マーケティング目標・方針や戦略，政策コンセプトとのつながりである。整合性は水平的な関連で，4つの戦略同士のつながりである。

②**独自性の実現**：一貫性と整合性のバランスから，地域や組織の特徴を活かした独自の価値を創造する。

③**具体性の実現**：行政マーケティング・ミックス戦略は，組織がコントロールすることが可能な具体的な手段である。一貫性と整合性のとれた具体的なマーケティング活動を実現し，住民や社会に働きかける。

　行政マーケティング・ミックス戦略の役割発揮では下記の点に留意します。

【戦略力】4つの戦略は上位の戦略方向と連動しているか。
【概念力】4つの戦略はコンセプトを実現しているか。
【価値力】4つの戦略は便益の向上とコストの低減に貢献しているか。
【独自力】4つの戦略は全体としての独自性を高めているか。
【競争力】4つの戦略は全体としての競争力を高めているか。
【協働力】4つの戦略は協働と共助・共創を可能にしているか。

行政マーケティング・ミックス戦略体系（MM）

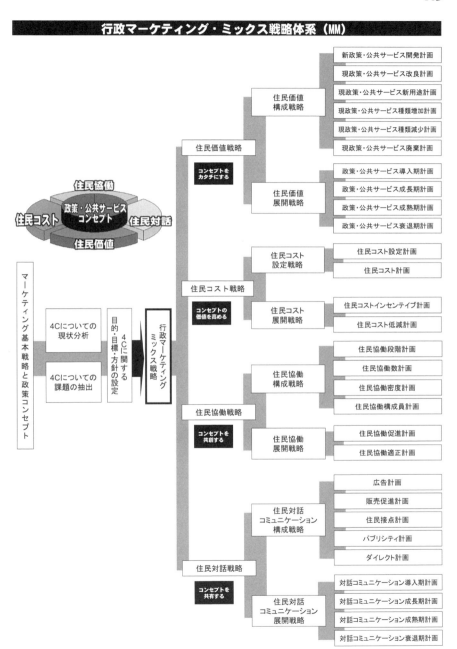

1 住民価値戦略の策定

MM-Customer

学習のポイント

　行政マーケティングの目的は,「社会生活の安定と発展に役立つ便益の提供と,活用や行動のためのコストを最小にすることで,住民の行動に影響を及ぼすこと」です。この中心を担うのが,住民価値戦略です。STP-Cプロセスで策定したコンセプトの内容は,住民価値戦略で「カタチ」にします。

I. 住民価値戦略の基礎

政策・公共サービスコンセプトの具体化とマーケティング・ミックス戦略の中心

1. 住民価値とは

◆住民価値の定義と役割

　行政マーケティング・ミックス戦略の中心は「住民価値」です。それは,コンセプトに明記した住民のニーズとウォンツを充足する価値の創造です。コトラーは,この住民価値を担うマーケティング提供物の定義を,「対象にした住民にもたらされる肯定的・否定的な結果の望ましい組合せであり,住民が求められる行動をとったときにのみ手に入るものである」[1]とします。

　肯定的な結果は,住民が受容する「ベネフィット(便益):役に立つ」です。否定的な結果とは,そのために住民が支払う金銭的,時間的,身体的,心理的要素からなるコストです。この2つの望ましい組合せを考えて,プロダクト,サービス,社会行動の組合せからなる提供物の提案を行います。

　それはベネフィットとコストを提供物の3つのレベル(中核・実体・拡張)で価値化し,住民価値としてプロダクト,サービス,住民の自助的な社会活動

5章　マーケティング展開編　行政マーケティング・ミックス戦略の策定

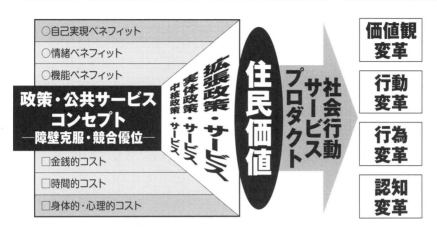

に転換します。この提供物の成果は，住民自身の「行動」からもたらされます。それが認知変革，行為変革，行動変革，価値観変革です（上図参照）。

住民価値の役割は3つあります。

① **コンセプトの具現化**：住民価値は複数のベネフィットが組み合わされた「ベネフィット（便益）の束」である。政策コンセプトをベネフィットの束として具現化（カタチ）することで，住民価値を創造し，住民の社会行動を支援する。

② **住民価値創造の中心**：住民価値は行政マーケティング・ミックス戦略の中で，最重要の位置を占める。その本質は住民ニーズに対応する「住民価値の創造」で，これなしでは組織の存続はない。住民価値は住民コスト，住民協働，住民対話の要素も取り込みながら先に決定し，他のマーケティング戦略を統合する。

③ **競争力の中心**：住民価値に，否定的な結果の低減と競合に優位性を示す力がなければ，マーケティング・ミックス戦略の成果は限定される。否定的な結果の低減と競合を克服する独自性を実現する。

◆住民価値の構成要素

コトラーは，行政からの価値提供物を，「プロダクト」「サービス」「社会行動（自助的行動）」の3つで構成します(2)。例えば，住民の肥満防止を課題とする健康課の職員は，住民向けに健康教室を企画します。利便性の高い運動センター（プロダクト）で開催し，専門家のアドバイスを提供します（サービス）。2割引の協賛クーポン券を渡して，地元ショップでの運動用具の購入を支援します（プロダクト）。そして日常生活で自助的に適度の運動を実行してもらうことで，生活習慣を変える（社会行動）といった行動変革を目的にします。この住民の「社会行動」が，住民の肥満防止による活力アップ，関連する疾病発生の最少化，そして，健康保険会計の収支改善に貢献します。

住民価値の創造を担う職員は，プロダクト，サービス，社会行動の3つのカテゴリーの組合せを住民価値としてとらえ，マーケティング活動を実践します。

◆知覚ベネフィットを最適にする

(1) 知覚価値と知覚ベネフィットの関連

住民の住民価値の認識や行動は，提案する政策や公共サービスに対する住民が知覚する価値によって決まります。この知覚する価値は，住民ニーズ（p.80参照）やコンセプト（p.147～参照）で検討した住民が知覚するベネフィットと知覚するコストの内容によって決まります（下図参照）。

担当者は住民ニーズとウォンツに対応したベネフィットを考え，ベネフィット提案で発生するさまざまなコストのバランスを企画することで，知覚価値の向上を図ります。住民の社会行動に結びつく住民価値の創造には，政策形成の段階で「知覚ベネフィット」と「知覚コスト」の最適化に向けた検討が必要です。

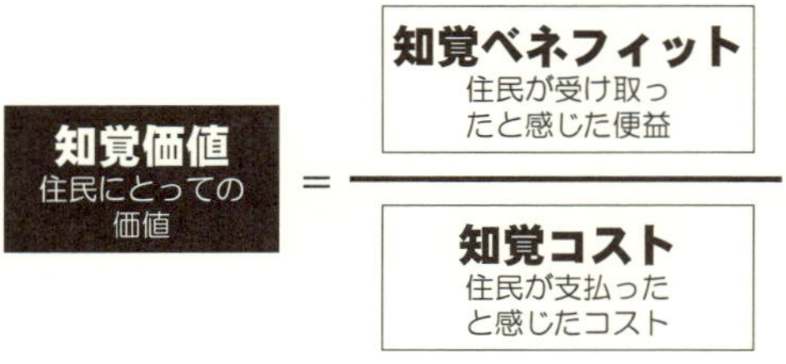

(2) 知覚ベネフィット

「知覚」は，人が外部の情報を意味づけすることで，住民の行動に影響を与える重要な心理的要因

知覚価値
住民にとっての価値
＝
知覚ベネフィット
住民が受け取ったと感じた便益
──────────
知覚コスト
住民が支払ったと感じたコスト

5章 マーケティング展開編 行政マーケティング・ミックス戦略の策定

便益（ベネフィット）の種類[3]			
機能的ベネフィット	情緒的ベネフィット	自己実現的ベネフィット	社会的ベネフィット
その物事を活用することで得られる機能的な利便性	その物事を活用することで感じられる肯定的な感情	その物事を活用することで体験できる自己実現の状態	その物事を活用することで得られる社会的な意識や貢献
便利、使いやすい早い、安い、楽だおいしい、効く	安心感、充実感信頼感、快適感良質感	自分らしく自立できるありたい自分	社会、地域、集団と一体感がある社会に貢献

です。コトラーは「マーケティングでは知覚の方が現実より重要である。住民の実際の行動に影響を与えるのは知覚だから」[4]とします。物事の機能や性能が高度であっても、それが「適した内容」として住民が「知覚」しなければ、その役割発揮はありません。

　住民が、政策や公共サービスに対して感じる効用、感情、意味、貢献が知覚ベネフィットです（上図参照）。例えば、住民が地域の公共運動施設を利用するのは、その利用で得られる自分のニーズにあった運動が手軽に安価にできる（機能的ベネフィット）、実現される前向きで爽快な身体状態（情緒的ベネフィット）、自分の体に良いことをしているといった精神的充実から得られる価値（自己実現的ベネフィット）、健全な精神と身体で社会の安定と平和に貢献していける（社会的ベネフィット）といった多層なベネフィットを評価しているからです。これが、住民が知覚する政策・公共サービスに必要なベネフィットです。

　知覚ベネフィットは、上図のように機能的なことから社会的なことまでの4種類があります。高度なベネフィットは、住民に聴かなければ把握できません。担当者は、住民と共創して、住民ニーズに対応できるベネフィットを抽出し、本人にも社会にとっても有用なコンセプトとして仕上げて、住民価値戦略で、住民の知覚に対応できる政策や公共サービスとして提案します。

2. プロダクト・サービス・社会行動の組み合わせ

　住民価値は，プロダクト，サービス，社会行動の組合せになります。それぞれの特質に応じた取組を行い，政策・公共サービスとして統合します。

◆プロダクトのマーケティング
　コトラーは，住民価値を構成するプロダクトには，以下のようなレベルがあるとします[5]。担当者は政策コンセプトの意図を理解し，それをプロダクトのレベルを活用して，住民にとって価値ある内容に創りあげます（右図参照）。
　(1) 中核としてのプロダクト
　プロダクトに求められることは，対象とした住民のニーズとウォンツに対するベネフィットの提供です。例えば，家庭からのゴミ資源の回収事業は，住民生活と地域の衛生と環境保全に貢献しています。ゴミ資源回収に対する住民ニーズは，住む場所，生活環境，環境意識によって異なります。例えば，繁華街の住民はゴミ資源の回収を，住宅地の住民はゴミ資源の再生を重視します。住民のニーズと多様なウォンツを的確に把握し，実現すべきベネフィットを明確にします。
　(2) 実体としてのプロダクト
　プロダクトの中核ベネフィットを，住民に理解してもらえる形にするのが，プロダクトの形態，つまり実体としてのプロダクトです。コトラーは，「有形財およびサービスの特徴」「望ましい行動」「品質レベル」「名称」といった項目で区分[6]しています。
　それは回収技術，回収の頻度，回収時間の定時性，効率的な作業方法といった要素の組み合わせでプロダクトの中核ベネフィットを明確に伝え，各住民の適切なゴミ資源出し行動を促進します。プロダクトは「ゴミ資源回収事業」から「市民志向の資源回収事業」として理解されます。
　(3) 拡張されたプロダクト
　担当者は，住民に，実体としてのプロダクトに加えて付加的なサービスのベ

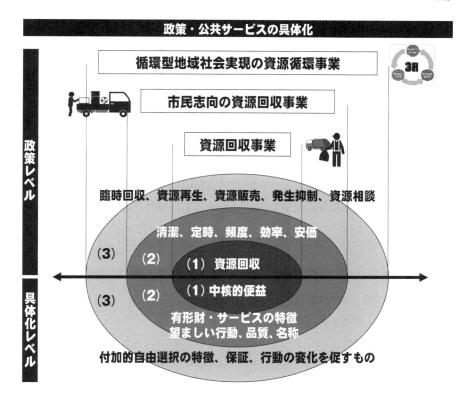

ネフィットを提案することで、プロダクトの付随機能を強化することができます。これにより、住民価値を増大し望ましい行動の後押しや競合プロダクトとの違いを鮮明にします。コトラーはこの例として「付加的自由選択の特徴」「保証」「行動の変化を促すもの」を例示(7)します。

例えば、「再生資源回収」を積極的に推進することは、資源の保護になるばかりではなく、地域内に「ものを大切にする心」を育み、さらにこれが資源循環とゴミの減量を促進する「住民の社会貢献の実践」にもつながります。

住民のニーズを顕在的な内容から潜在的な内容に広げ、それを政策・公共サービスの拡張レベルとして具現化することで、住民価値をより適切なものにします。プロダクトは、価値観を共有する住民と協働（Co-work）する「循環型地域社会実現の資源循環事業」として拡張します。

◆サービスのマーケティング

　公共サービスは対人サービスも多く，提供されたサービスが形に残らないものが多々あります。コトラーはこのようなサービスの特徴を4点指摘します[8]。

（1）無形性：見える化と信頼が大切で強い競争力がある

　サービスは形がないことから，事前に見たり触れたりすることができません。見える化への取組と信頼が重要になります。形がないことから模倣は困難になります。これは強い競争要因になります。

（2）不可分（同時）性：住民志向と現場重視の体制が大切

　サービスは生産と消費が同時に行われます。窓口で住民から質問を受けて回答する場合，集会所で新しい政策に関する質疑応答をする場合などです。多様な意見がでることから事前準備が難しく，その場で適切に対応できないと不満として蓄積します。サービス方針の浸透，現場への権限委譲，担当者の対応能力の向上が大切になります。

（3）変動性：住民志向と標準化を徹底する

　サービスは無形性と不可分性から変動する性質があります。担当者によってサービスにバラツキが発生し，住民からすれば「他では可能だった」「前回はやってくれたのに」といった不満の原因になります。方針の浸透，業務の標準化と見える化，担当者への教育訓練の充実が重要になります。

（4）消滅性：繁忙・閑散対応システムを整備する

　サービスは提供された時点で消滅します。在庫ができません。需要が大きく変動する場合には過不足が発生します。繁閑の平準化と臨機の対応が必要です。

◆社会行動のマーケティング

　住民は自分の生活に関して，周囲や行政からのアドバイスを受けますが，実際の行動は住民自身で行います。周囲と行政は，住民が推奨した行動を採用し実行することを期待します。行政マーケティングは，プロダクトやサービスの提供を通じて，住民の社会行動に影響を与えその役割を果たします。

　例えば，健康教室で習った肥満防止のための運動や食事制限を，住民自身で

実施継続することは，容易ではありません。しかし，余分な脂肪をなくしスリムになることで，本人の健康維持（機能的）と日常行動での爽快感（情緒的）が味わえ，家族（自己実現的）のためにもなります。さらに地域医療費の削減といった社会貢献（社会的）にもなります。行政は住民を支援しこれを実現しなければなりません。それが役割です。

　交通規則の意義は，違反者を取り締まるためにだけあるのではありません。規則に従った運転をすることで，目的地へのほぼ時間通りの移動と交通事故の危険から住民の身を守ることができます（機能的）。交通規則がなければ，年間100万件弱発生している交通事故に巻き込まれるかもしれません。車の渋滞で大きな社会ロスが発生します（社会的）。行政マーケティングの成果は，提案側の努力ではなく，住民「自身」の行動からもたらされます。

　もし，住民が問題を自覚していなければ，認知変更を働きかけ理解を促し，自発的に行動に移し継続してもらいます。行政組織の担当者の業務の目的は，提案した公共サービスを通じた住民の自助的行動から，目標とした社会を実現することにあります。住民価値はここまで企画します。

◆行政組織と職員の役割

　住民の自助的活動は社会を活気づけ，それは税収増に結びつきます。これは，行政組織が住民と協働し共創した政策と公共サービスを，住民と社会が価値ありと評価し，進んで共助と自助努力を行うことでのみ得られることです。地域活力の主体は住民です。行政はそれを支援し成果に結びつけます。

　住民にとって価値ある行政活動とは，住民と社会全体の行動によい影響を与えることです。政策・公共サービスのコンセプトを，プロダクト，サービス，社会行動に置きかえ，住民が認識し受容し活用する政策・公共サービスとして策定し，社会の安定と発展に向けて行動してもらうことです。

　税金を使用して政策や公共サービスを提供することは，行政組織の目的ではありません。必要なことは住民の自助的行動の実現です。そこにしか地域活力の誕生はありません。その方法論がマーケティングです。

II. 住民価値戦略の策定

政策コンセプトの具体化と住民価値戦略の構成

1. 住民価値戦略の分析と戦略内容

◆住民価値分析と課題の把握

| G | 行政マーケティング目標と方針 | → | STP | 細分化 | 対象設定 | 独自性 |
| S | 行政マーケティング戦略 | | C | 政策・公共サービスのコンセプト |

分析項目

1. **住民価値目標・方針・住民ニーズ**
   - 政策・公共サービス目標・方針は明確か
   - 対象住民のプロフィールは明確か。
   - 政策・公共サービスの潜在ニーズは確認したか。
   - 住民の苦情やその対応の満足度はどのようなものか。
   - その政策・公共サービスの規模と将来推移は確認したか。
2. **政策・公共サービス**
   - 政策・公共サービスのコンセプトは住民ニーズを反映しているか。
   - 政策・公共サービスの知覚ベネフィットは適切で明瞭か。
   - 政策・公共サービスに関する住民の犠牲への対応は十分か。
   - 政策・公共サービスは住民の社会行動に結びついているか。
   - 推奨する社会行動は住民のニーズと社会に適合しているか。
   - 政策・公共サービス内容は地域の独自性を発揮するものか。
   - 政策・公共サービス内容は組織の強みを発揮するものか。
   - 政策・公共サービスは知覚コストの最少化を実現しているか。
   - 政策・公共サービスの改廃や継続的な改善をしているか。
   - 政策・公共サービスの住民や社会での評判や満足度はどうか。
3. **競合**
   - 政策・公共サービスは競合と比べて優位性はあるか。
   - 類似品や代替品が容易に出現するのか。
4. **政策・公共サービス構成と展開**
   - 政策・公共サービス構成はコンセプトを反映しているか。
   - 政策・公共サービス構成の評価と満足度はどのようになっているか。
   - 成果貢献度の低い政策・公共サービスが構成にある理由は何か。
   - 政策・公共サービス構成の改良は行われているか、その頻度は適切か。

課題と戦略策定

| 住民価値課題の抽出 |
| 住民価値目標・方針の設定 |
| 住民価値戦略の策定 |

5章 マーケティング展開編 行政マーケティング・ミックス戦略の策定

◆住民価値戦略の定義

　政策・公共サービスコンセプトを具現化する住民価値戦略の策定では，住民価値分析を通じて設定した課題を，行政マーケティング目標・方針との関連から設定した住民価値目標と方針に基づいて，住民価値戦略を策定して対応します。

　人口減少と地域間競争時代の行政活動には，住民ニーズへの対応と障壁の克服，競合する自治体との差異を意識したマーケティング活動が必要になります。この活動の中心になるのが住民価値戦略です。

　住民価値戦略は，「社会市場の創造と競争優位の確立を前提として，社会市場に適合する政策・公共サービスを調査，廃棄，企画，共創，形成，提案，展開，評価，改善することにより，住民にとっての最適な政策・公共サービスのミックスを構築し展開する」ことです。4章で設定した政策・公共サービスのコンセプトを具体化します。

　住民価値戦略での価値形成の巧拙は，組織の存在意義に影響します。担当者は，住民価値の提案者として，住民が認識・受容・行動する政策と公共サービスを企画・共創して，最適な住民価値を住民に提案します。

◆住民価値戦略の構成

　住民価値戦略は，住民価値構成戦略と住民価値展開戦略で構成します。住民価値構成戦略は，新政策・公共サービスの企画と共創から，既存政策・公共サービスの廃棄までを範囲とします。住民価値展開戦略は，社会市場での環境変化と競合への対応で，政策・公共サービスを常に最適な状況に維持します（下図参照）。

　これにより住民への最適価値の継続的な提案と，社会市場の変化に応じたマーケティング経営資源の最適活用を実現し，住民価値に関するマーケティング目標の達成に貢献します。

住民価値戦略	住民価値構成戦略
	住民価値展開戦略

2. 住民価値構成戦略とは

◆住民価値構成戦略の定義と構成

住民価値構成戦略とは、「業務・政策領域を前提に、対象住民ニーズへの対応と競争優位の実現を意図した、現政策と新政策による政策の組合せを検討し、持続可能な住民価値の提案を実現する」ことです。

住民価値構成戦略は2つの方向があります（下図参照）。1つは政策と公共サービスの多様化の方向で、新政策・公共サービス開発、現政策・公共サービス改良、新用途開発、種類の増加です。もう1つが政策・公共サービスの単純化につながる方向で、現政策・公共サービス種類減少、そして廃棄です。

各部署や担当者は、現在の政策・公共サービス構成を、効果性、効率性、公正性から評価し、現政策・公共サービスの改良と統廃合、新政策・公共サービスの導入を行い、住民起点の最適な政策・公共サービス構成を編成します。

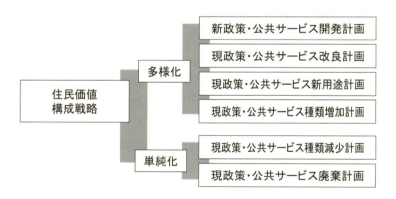

（1）新政策・公共サービス開発計画

新政策・公共サービスの開発計画には、下記の3つのタイプがあります。
① それまでの社会市場に存在しなかった政策・公共サービスの開発計画
② 社会市場には存在しているが、当組織としては新しく企画・開発・提案する政策・公共サービスの開発計画
③ 内容は現政策・公共サービスと同一であるが、資材、作り方、コスト、伝

達方法などが大きく変更された政策・公共サービスの開発計画

①②は「これまでになかった新しさ」であり，③は「これまでとは違う新しさ」です。現在満たされていない住民ニーズに適合する新政策・公共サービス，現政策・公共サービスよりも住民ニーズに適合した新政策・公共サービスが開発された場合の成果は，社会に大きく貢献します。

(2) 現政策・公共サービス改良計画

政策・公共サービスは，社会市場の変化に対応して改良します。改良は住民の「より安全で」「より活力にあふれた」「よりエコな」生活を求める生活意欲に合致しています。旧い法令や改正が遅れた制度が，住民の安心・安全を脅かした実例はたくさんあります。現政策・公共サービスの改良は，住民価値構成戦略の中では，最も多く実施されます。代表的な形態として以下のものがあります。

- 価値内容：政策・公共サービス内容の一部変更による改良
- コスト内容：手数料やコストを変えることによる改良
- 提案内容：提案方法を変更することによる改良

(3) 現政策・公共サービスの新用途計画

法令や制度で用途が制約されている現政策・公共サービスはたくさんあります。環境変化に対応して，新しい用途開発を検討します。

- 現政策・公共サービスの新用途開発
- 現政策・公共サービスの改良による新用途の開拓

(4) 現政策・公共サービスの廃棄計画

新政策・公共サービスの導入を効果的，効率的に進めるには，片方で現政策・公共サービスの減少と廃棄が必要です。現政策・公共サービスの減少と廃棄は抵抗が強く，実施には困難を伴います。しかし，減少と廃棄の不徹底は，対象政策・公共サービスを社会市場に不適合なものにし，かつ新しい機会を育むことを阻害する要因になります。減少と廃棄に関する適切な基準を設定して定期的に実施します。

◆政策・公共サービスの開発・改良方法（右図参照）

　住民の変化と競合の存在は，現政策・公共サービスの陳腐化に影響します。「現状維持」は組織の役割を引き下げます。組織を活力あるものにするには，政策・公共サービスの継続的な開発と改良が不可欠です。下記の政策・公共サービス開発プロセスを活用します。

STEP①：コンセプトの確認と住民ニーズを整理する

　4章で策定した政策・公共サービスのコンセプトを，政策・公共サービスとして具現化します。政策コンセプト，例えば「安心・安全を最優先した信頼できる資源回収」を確認します。ミクロ環境分析や追加の調査で把握した住民ニーズを，ブレーンストーミングを活用して抽出し，KJ法で集約・整理します（右図参照）。

STEP②：住民ニーズと政策・公共サービス構成要素の対応を検討する

　住民ニーズの具体化には，住民要求展開図を活用します。住民要求展開図の縦軸（表側）には集約した住民ニーズを配置し，横軸（表頭）にはそれを具現化する政策・公共サービスの構成要素を列記し，両者の対応関係を●印で明らかにします。次に住民要求項目の重要度を住民の視点から評価し記入します。その後，住民要求項目への対応状況を競合対象と比較して評価をします。最後に重要度と競合評価の高低を検討して，対応すべき住民要求項目の優先度を決定します。

STEP③：政策・公共サービスを開発し改良する

　優先した住民要求項目への対応を中心として，政策・公共サービスの開発と改良を行います。事例の「資源回収事業」では，ソフトとしての回収計画とハードとしての備品や回収車の改良を行います。住民要求項目に対応するベネフィットを検討し，政策コンセプトに基づいて現状の改良や新方法の導入などを計画します。

　具体的には，資源収集マニュアルの訂正，作業方法の変更，機器の性能改善，新清掃車の開発などを行い，住民にとってより有益な「資源回収事業」に改良し，住民生活の向上に貢献します。

コンセプトに基づいた住民価値の開発・改良方法

政策コンセプトの確認

STEP①：ブレーンストーミングでアイデアを出し住民要求として集約・整理する

STEP②：住民ニーズと政策・公共サービス構成要素の対応検討

項目＼要素	ソフト					ハード			重要度	競合			優先度
	収集時間	収集作業	作業態度	運転方法	啓発内容	苦情対応	備品	車	集積場		他組織	民間企業	その他	
収集時間は一定に	●	●												
同じ順番で収集して	●			●						5	●			■
ゴミを散乱させない		●												
カラスネットを放置しない		●												
歩行者の邪魔にならない		●		●						5		●		■
作業時の大声はやめる		●	●											
住宅地での運転は慎重に				●						4			●	
ルールを守らない人に注意を		●	●		●									
啓発ラベルは明確にして					●									
高齢者のゴミ出しに配慮を		●			●					4				
収集漏れはその日の回収						●								
苦情への対応が遅い						●				5	●			■
苦情対応が良くない						●								
指定袋の値段が高い					●		●							
指定袋が破れる							●			5	●			■
啓発シールが目立たない			●				●							
作業時の機械の音が大きい								●						
収集時の音楽が大きすぎる		●						●		4	●			
ゴミの集積場が狭い									●					

住民要求

より住民ニーズに適合する

政策・公共サービス化

STEP③：政策・公共サービスの開発と改良

資源回収事業の開発・改良計画
- 資源回収作業方法の改良計画
- 資源回収備品機器の改良計画

より有益に

開発・改良は4つに区分できます。
① 潜在ニーズを発掘し，現公共サービスを改良して適合させる。
② 潜在ニーズを発掘し，新公共サービスを開発して充足する。
③ 顕在ニーズに，現公共サービスを改良して適合させる。
④ 顕在ニーズに，新公共サービスを開発して充足する。

◆成功要因と失敗要因

政策・公共サービスの成功は，住民や社会に良い影響をもたらします。しかし，思いつきに近い決定，組織的な仕組みの未構築，ノウハウの不足，保守的な姿勢，内部マネジメント力の欠落など，下記のように課題[9]もあります。

新規事業が失敗する理由（非営利組織）

① 補強的な調査がされていないにもかかわらず，最高管理責任者がアイデアを推進する。
② 新しい提供物を評価し実行するための，組織的なシステムがない。
　（基準や手続きが不明確で，部門間の調整が不十分である）
③ 市場規模の把握，予測，市場調査が不十分である。
④ マーケティング計画が不十分である。つまり，市場におけるポジショニングと市場細分化が不十分，予算が不足，コスト設定が高すぎる，などである。
⑤ 提供物によってもたらされる住民の便益が不明確である。
⑥ 提供物の設計が不十分である。
⑦ 開発費用が予想以上に高い。
⑧ 競合相手からの反応が予想以上に強い。
⑨ 販売促進活動が不適切である。
⑩ 最も重要なこと。
　・組織の使命と一貫性があるか
　・使命を損なうような補助金獲得のための「曖昧なプログラム」が問題を引き起こしていないか

政策・公共サービス成功の要因は，住民ニーズの把握，開発の仕組みの構築，そして「目標・方針の明確化」にあります。最終責任はトップがとることを明確にした開発の仕組みを構築し，開発目標を設定し，資源を割り当て，成

功と失敗の場合の開発担当者の支援を考えることが，成功を引き寄せます。

　コトラーは，公的組織が政策の開発で，使命への合致を慎重に検討することなく，補助金を得るチャンスに反応する「補助金の追っ手」になることに，警鐘を鳴らします[10]。この「使命の逸脱」は，組織の役割を「曖昧」にし，中核的事業への関心を散漫にします。さらに使命外の事業自体が不慣れな分野であることから追加コストが発生し，失敗する可能性も大きくなります。

3. 住民価値展開戦略とは

◆住民価値展開戦略の定義と構成

　住民価値展開戦略は，「異なる社会市場に位置づけられた政策・公共サービスの役割に応じて，ライフサイクル上のポジションと競合動向を考慮して，最適なマーケティング展開方法を策定する」ことです。

　担当者は，住民価値構成戦略で企画・開発した複数の政策・公共サービスを，住民が生活する社会市場に導入します。それは，導入期，成長期，成熟期，衰退期といったライフサイクルにそってその役割を発揮します。担当者は，ライフサイクルに対応したマーケティング戦略を考え，導入した政策・公共サービスの役割を，社会市場で十分に発揮できるようにします。

　成功のポイントは，迅速な離陸（十分に準備して初期の採用を短期間で達成する），急速な加速（累積的採用を急勾配の普及曲線で確保する），最大限の浸透（対象とした前期と後期の採用者内で最大限の採用を達成する），脱落者なし（長期にわたる安定的な採用）です。

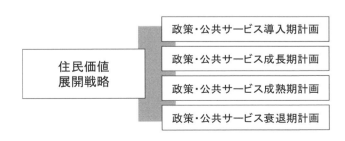

◆住民価値展開戦略の内容

　ライフサイクル上での政策・公共サービスの受容・行動量は，主に住民の知覚ベネフィットと知覚コストの差で変動します。

(1) 導入期計画（認知と価値形成）

　導入期は，新政策・公共サービスが，社会市場の認知を得て住民の支持獲得を開始する期間です。導入期は政策・公共サービスへの認知が低いことから，犠牲も含めた知覚コストが高く，認識し行動するのは革新的採用者と初期少数採用者に限られます。政策・公共サービスの認知獲得と政策改良を含めた価値形成がポイントになります。対象住民の明確な設定，政策・公共サービスのベネフィットの訴求，訂正の情報が入手できる双方向型のコミュニケーションを強化したマーケティング活動が有効です。

(2) 成長期計画（積極拡大）

　政策・公共サービスが社会に認知・理解され，知覚コストがさがります。住民が初期少数採用者から多数の前期多数採用者に拡がることで活用が拡大し，同時に多様な課題が顕在化します。活用の量的拡大と障壁や同じベネフィットを提供する競合組織への対応が必要になり，高度なマーケティングが求められます。

　成長期の前半は，政策・公共サービス提供の積極的な拡大時期です。この時期に拡大できないと，そこで普及の上限が決まります。ここでの対応内容が，政策・公共サービスの規模を決めます。成長期の後半は，普及の拡大率が低下します。残された社会市場では競争が激化し，マーケティング力のない政策・公共サービスは拡大がとまります。

(3) 成熟期計画（知覚価値の維持）

　ここから，最も長いサイクル期間がはじまり，この期のマーケティング戦略は，ライフサイクル全体の成果に影響します。量的な拡大は期待できないことから，知覚ベネフィットの向上と知覚コストの低減といった質的な取組みが重要になります。受容と行動は，反復者の増減で影響されます。反復者の増加と，未普及層の認識と行動促進がマーケティング活動の中心になります。

政策のライフサイクルとマーケティング活動

	導入期	成長期	成熟期	衰退期
政策の ライフサイクル	(グラフ)			
住民動向	受容はわずか [革新的採用者]	急速に拡大 [前期多数採用者] [初期少数採用者]	ほぼ普及 [後期多数採用者]	価値消失 [採用遅滞者]
政策計画の位置	[計画]	[計画] [計画]	[計画] [計画] [計画]	[計画]
基本戦略	－認知と価値形成－	－積極拡大－	－知覚価値の維持－	－損失の最小化－
市場開拓	・目標市場の開拓	・目標市場の拡大	・未普及市場の開拓	・限定市場の存続
住民価値の 改良～廃棄	・基本仕様の充実 ・初期改良の徹底	・種類の多様化 ・内容の再点検 ・競争優位性の確保	・改良と独自性の強調 ・付加機能の添付 ・後サービスの充実	・機能の整理 ・種類の削減 ・廃棄
用途開発		・関連用途の提案	・新用途の提案	
住民コスト	・知覚コストの改善	・コスト成果の向上	・知覚コストの削減 ・金銭的コスト節約	・適正コストの設定
住民協働	・選択的協働流通 ・共創の積極化	・開放的協働流通 ・パートナー支援	・新協働流通の採用 ・住民接触点の拡大	・協働の改善

対象市場の再検討，政策・公共サービスの見直し，マーケティング戦略の再構築が必要になります。現社会市場の浸透や新用途の開発，現政策・公共サービスの改廃などに取り組みます。改革を怠ると異業種から新方法を伴った参入にさらされ，市場を奪われることになります。

(4) 衰退期計画（損失の最小化）

住民生活の変化や新政策・公共サービスの出現などにより，政策・公共サービスは衰退期を迎えます。担当者は，より必要な分野への政策・公共サービスの提案のために，経営資源を現分野からの撤退で調整します。マーケティング方針に基づいて撤退か継続かの決断を行います。撤退と新分野への進出を繰り返しながら，変化する住民ニーズに対応します。

2 住民コスト戦略の策定

MM-Cost

学習のポイント

住民志向の行政では，住民価値戦略を通じて提案する政策・公共サービスが，それを認識し行動することで発生する知覚コストとバランスしていることを，住民コスト戦略で明示します。これにより，最適な政策・公共サービスの提案であることを住民に理解してもらい，受容と行動を促進します。

---

1. 住民コスト戦略の基礎

住民価値の増大と住民コストの低減

1. 住民コストとは

◆住民コストの定義

　住民が，行政が提案する政策や公共サービスの受容を考える際には，問題認識→情報探索→代替案の評価→受容決定→受容後の行動まで各段階で予測される「知覚ベネフィット（便益）」と「知覚コスト」を比較し決定します。

　コストは，提案側からするとベネフィットを実現する「資源」でもあり，住民側からするとベネフィットを認識し行動するための「犠牲（コスト）」です。資源でもあり犠牲でもあるコストのあり方から住民価値が決まり，その高低が，政策・公共サービスの認識と行動に影響します（右図参照）。

　よって住民コストの本質は，資源としての適切な活用と犠牲としての最少化にあります。前者は主に住民価値戦略が担当し，後者を住民コスト戦略が担当し，住民価値の増大をめざすことから，住民コストとは「住民がベネフィットを認識から行動することと引き換えに支払っている犠牲」と定義できます。

住民コスト戦略とコストの役割

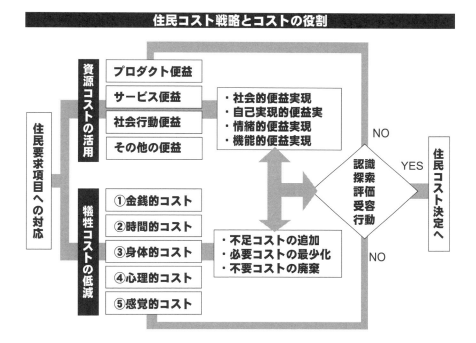

コトラーは，住民がベネフィットを得る見返りとして，行政組織から「支払」を求められている内容をコストとし，①金銭的コスト，②時間的コスト，③身体的コスト，④心理的コストをあげます[1]。上図の①から⑤までのコストは，価格コスト戦略を中心にしながら，他の個別戦略でも対応します。

◆住民コストの役割

住民コストには3つの主要な役割があります。

①住民価値の実現：価値形成の資源としてのコストと認識と行動のためのコストを調整し，最適な住民価値を政策や公共サービスとして具体化する。

②住民行動の調整：コストの需要弾力性を活用して住民行動に影響を与え，価格コスト目標の達成に貢献する。

③共通の評価基準：金銭的コストは，政策や公共サービスが提案する価値を表す共通の評価基準になる。

コストの役割で重要なことは，コストの額よりは，「コストに対するベネフィット（便益）の比率」です。「単位当たりのコストにおけるベネフィットを最大にすること（コストの成果比率）」です。政策や公共サービスを認識，受容，行動しやすいものにすることで，コストの成果比率を高めます。

2. 住民価値と知覚コストの調整

◆知覚コストを理解する

　住民価値の提供には，コスト（税＋他のコスト）が伴います。住民価値戦略で学習したように，政策や公共サービスの提供には，その活動の拠点となる施設の設置（施設），そこでの必要情報の展示や関連した情報機器の整備（プロダクト），来館した住民への助言（サービス）が必要になり，これらすべてが，価値実現のためのコストの発生になります。

　さらに期待される住民の行動（社会行動）を引き出すには，活用を考える住民の認識，探索，評価，決定，受容といった住民行動やその変容から発生するコスト（犠牲）を最小にしなければなりません。

　—住民の健康診断の場合—

　住民が行政から案内のあった健康診断事業を活用して，自宅近くの認定医院で診察を受けました。「要詳細検診」に該当したことから，設備が整っている郊外の中央病院で3ヶ月以内に半分助成金付きの詳細検診を受けるように勧められました。この住民の場合，詳細検診（便益）の受容には，下記のコストが発生します。

　【金銭的コスト】毎年かなりの保険料を支払ってきた。
　【金銭的コスト】中央病院への交通費と半分の診察料が発生する。
　【時間的コスト】詳細検診のために半日の時間がかかる。
　【身体的コスト】途中2回の乗り換えや駅から15分ほど歩く。
　【心理的コスト】担当する若い医者の評判や結果についての不安がある。
　【感覚的コスト】病院の混雑や独特の雰囲気への抵抗がある。

このように住民が政策・公共サービスを認識し行動する場合，政策・公共サービスそのものに関するコスト以外に，金銭面，時間的，身体的，心理的，感覚的での心配や不安といった，住民が感じる知覚コストが伴います。

政策担当者が，この健康診断事業の費用として支出する税金以外に，住民が負担する知覚コストを理解して事業を企画しないと，確かに健康診断を受診した人数は増えたが，具体的な治療への行動までには至らず，「適切な治療により健康な人を増やす」といった上位目標と連動しなくなります。行政評価では，成果不足と判定され，来期の予算が減額されます。

◆住民コストの需要弾力性

住民コストと政策・公共サービスの認識や行動の関係性は，社会市場での両者の変化から判断できます。住民コストの変化に応じて，政策・公共サービスの認識や行動が変動する場合を，その政策・公共サービスは住民コストに敏感である，住民コストに対して需要弾力性があるとなります。

政策・公共サービスの認識から行動の変化は，住民コストが上昇すると，①認識から行動が増加する（住民コスト増以上に価値をあげた場合）。②変わらない，③減少するに区分できます（図参照）。

政策・公共サービスの提案においては，住民コスト戦略で達成すべき目標と政策・公共サービスの特性，住民コストへの弾力性を考慮しながら，住民コストの投下や政策・公共サービスの内容を調整・改善することで，目標の達成をめざします。

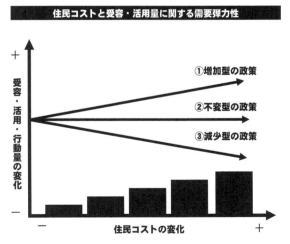

住民コストと受容・活用量に関する需要弾力性

II. 住民コスト戦略の策定

政策コンセプトの具体化と住民コスト戦略の構成

1. 住民コスト戦略の分析と戦略内容

◆住民コスト分析と課題の把握

| G | 行政マーケティング目標と方針 | → | STP | 細分化 | 対象設定 | 独自性 |
| S | 行政マーケティング戦略 | | C | 政策・公共サービスのコンセプト |

分析項目

1. **住民コスト目標・方針・戦略**
   ・住民コスト目標・方針は明確か。
   ・住民コスト目標・方針には非金銭的コストに関する方針はあるか。
   ・対象となる住民の特性が考慮されているか。
   ・住民コスト上の優位性を説明できるか。
   ・住民コストに関する住民の評価はどのようなものか。

2. **住民コスト設定**
   ・政策・公共サービスに関する住民コストは住民が納得する内容か。
   ・住民コスト設定において受容・活用の需要弾力性を考慮したか。
   ・非金銭的コストの低減は十分に行われているか。
   ・非金銭的コストと関連する他マーケティング戦略との関連性は十分か。
   ・新行政サービスの住民コスト（予算）に関する決定根拠はなにか。
   ・複数の住民コスト・シミュレーションをしているか。
   ・組織が使用している住民コスト（予算）決定方式は妥当か。
   ・原価積算方式採用の場合、そのマイナス面を改善しているか。
   ・自組織の住民コスト設定に対する競合組織の反応を考えて対応したか。
   ・競合と比較して高住民コストの場合その原因は明確か。
   ・政策のライフサイクルを考慮した住民コスト設定、変更をしているか。
   ・住民コストの支払い方法は便利か。

3. **住民コスト展開**
   ・金銭的インセンティブを実施しているか。
   ・非金銭的インセンティブを実施しているか。
   ・割引の基準は適切か。
   ・変動住民コスト（地域,住民,季節など）を行っている根拠は何か。
   ・住民コストの低減は成果をあげているか。

課題と戦略策定

- 住民コスト課題の抽出
- 住民コスト目標・方針の設定
- 住民コスト戦略の策定

5章 **マーケティング展開編** 行政マーケティング・ミックス戦略の策定

◆住民コスト戦略の定義と構成

　住民コスト戦略の策定では，住民コスト分析を通じて設定した課題を，行政マーケティング目標・方針との関連から設定した住民コスト目標と方針に基づいて，住民コスト戦略を策定して対応します。

　住民コスト戦略は，「行政価値戦略と関連して，住民コストによる政策・公共サービスの知覚ベネフィットの向上，知覚コストの低減により，知覚価値を最適にする住民コストを設定し，それを最適に維持する」ことです。

　住民コスト戦略は，住民価値に直接的な影響を与えます。知覚ベネフィットの向上と知覚コストの低減による住民価値の向上は，行政マーケティング目標の達成に大きく貢献します。

　住民コスト戦略の設定では，金銭的コストは低い方が住民に喜ばれますが，タバコのように税率を下げると喫煙者が増えて，関連して健康を害する人が増加するものもあります。地域社会の基盤整備にも一定の資金が必要です。住民コスト戦略の目標と方針を明確にして，資源でもあり犠牲でもある住民コストの役割が果たせる住民コスト戦略を考えます。

　住民コスト戦略は，住民の評価と障壁，競合相手を意識した決定で，住民コスト設定戦略と住民コスト展開戦略で構成します。住民コスト設定戦略は住民コスト設定計画と住民コスト計画で構成し，住民コスト展開戦略は住民コストインセンティブ計画と住民コスト低減計画で構成します。

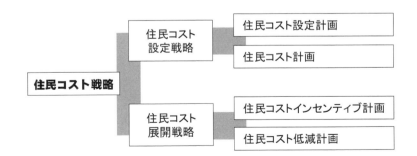

2. 住民コスト設定戦略とは

◆住民コスト設定戦略の定義と内容

住民コスト設定戦略は、「行政マーケティング・ミックス戦略全体の観点から、知覚価値の向上に向けて、個々の政策や公共サービスの住民コストの水準を決定する」ことです。

政策・公共サービスの提案において、住民が認める内容で住民コストを設定することで、住民の知覚価値を維持または引き上げることができます。住民コスト設定戦略では、主に下記の住民の知覚コスト低減の観点から政策と公共サービスの提案を考え、従来からの思想、価値観、世界観の放棄、従来からの習慣の放棄に関する対応は、住民価値戦略と連携して対応します。

(1) 時間的コストの低減

政策・公共サービスの認識から行動において住民が費やす時間の調整です。必要な政策・公共サービスの探索時間、公共施設への移動時間、公共サービスの提供時間、その待ち時間などです。サービスを探索し移動・利用している間は、他のことに使うことはできません。時間短縮の方法を考えます。

行政とのコンタクトが必要と判断した住民は、インターネットで該当部署を検索し、訪問に関する情報の入手を試みます。わかりやすい誘導、必要な情報提供、よくある質問への回答集（Q&A）の充実、最短交通経路の明示などで対応します。サービス提供時では、予約制や混雑時間の明記などで待ち時間を短縮し、手続き内容の改善で提案・提供時間の短縮を実現します。こうして知覚コストの一つである時間的コストを低減して住民の知覚価値を高めます。

(2) 身体的コストの低減

認識や行動における住民に生じる疲労や不快感の調整です。高齢者向けの政策・公共サービスに関しては、施設の設置場所、施設内の諸設備とその誘導案内、イベントの企画、配付資料の表現などに身体的衰えに対する配慮が必要です。住民価値戦略や住民協働戦略との連携が不可欠になります。

(3) 心理的コストの低減

政策・公共サービスの認識や行動において，住民が経験する精神的な不安状態の調整です。威圧的または凝りすぎる建物，扉を閉め切った職場レイアウト，窓口での横柄な執務姿勢，手続きや相談における個人情報の取り扱いに関する不安感などの是正を行います。

(4) 感覚的コストの低減

政策・公共サービスの認識や行動において住民が感じるマイナス感覚の調整です。施設の明るさ，庁内全体の整理整頓レベルと清潔感，人が多すぎる秘書室とやや大げさな首長室，近隣の騒音，庁内の冷暖房，施設や什器の使い心地などのあり方です。住民目線に立脚した取組を行います。

◆住民コスト設定計画の内容

(1) 住民からの設定方法：価値志向型の住民コスト設定法

住民が評価する価値である知覚価値を基準に，住民コストを設定する方法です。住民にとっての価値からスタートすることは，マーケティングの基本です。住民の知覚ベネフィットを調査し，それに対応した住民が許容する知覚コストを検討します。それを基準にした住民コストを設定し，その範囲での知覚価値の実現を行います。

(2) 競合からの設定方法：競争志向型の住民コスト設定法

競合の住民コストを基準にして，自らの住民コストを決める方法です。競合の対象が同業である行政の場合と，同じような価値を提案する他の組織も含める場合があります。企業と同等かそれ以上の成果を求められる行政には，競合を広く設定することが多くなります。競合を活用してコスト力を高めます。

(3) 提供側からの設定方法：原価積算型の住民コスト設定法

過去の実績や競合，組織内の基準に基づいて，各政策に必要な費用を計算してコストを決定する方法です。行政組織の多くで採用されています。政策コストに人件費と管理費，他の固定費を加えたフルコスト主義で検討し，これに，住民ニーズや競合状態などを考慮して政策のコストを決定します。

この方式は，必要費用の算出が明確であるといった理由で活用されます。反面，内部の業務方法や財政状況がそのまま反映する内向きの設定になります。さらに住民や競合の動向が十分に反映されない場合，外からみた住民コストの妥当性がなく，その分のムダと機会損失が発生します。

◆住民コスト計画の内容

コストに関する方針によって下記の住民コスト計画[2]を検討します。

(1) 余剰最大化計画

知覚ベネフィットを評価し，成果の最大化を目的に住民コストを検討します。経営資源の投下に対する成果の最大化です。キャラクター版権の無料化やフィルム事業に関する施設の貸し出し，公共施設の広告スペースなどです。限られた公共資源での税収の増加は，行政組織の大事な使命です。一定の条件の下で，コストに対して収益が最大になるような住民コストを計画します。

(2) 費用回収計画

費用のうちの「合理的な部分」を回収できるようにコストを計画します。税率，各種保険料，住民以外や企業向けの施設の料金，有料道路の料金，コピーサービスの価格がこの例です。他組織で実施している例も参考にして費用回収額を検討します。

(3) 市場規模最大化計画

体育館，文化会館，公立美術館のような公共施設は，利用者数の増加が役割の1つです。設備の稼働に余裕がある場合は，機会損失が発生します。弾力的なコストの設定で，利用数の増加と長期的にはより多くの収入を手にします。

(4) 社会的公正計画

社会的公正に貢献できる住民コストでサービスの提供を行います。政策・公共サービスの多くが，この計画を採用します。セーフティーネットのための税負担は公正が基準です。過疎が深刻化して商業施設がなくなった高齢者世帯のために，住民と協働して買い物手段（移動販売）を提案します。

(5) 市場抑制計画

特定のプロダクトやサービスの過剰な購入や使用を制限するために，高い住民コストを計画する場合があります。煙草やアルコール類への高い税金は，購買を抑制するためです。貴重な文化財への閲覧料金や時間制限は，国民共有の財産である文化財の劣化を防ぐための住民コストです。

3. 住民コスト展開戦略とは

◆住民コスト展開戦略の定義と内容

住民コスト展開戦略は「社会の変化，住民の実際の認識や行動の動向，競合の変化に応じて，設定した住民コストを最適に維持する戦略」です。住民コストインセンティブ計画と住民コスト低減計画で構成します。

住民コスト設定戦略で，政策・公共サービスの住民コストを設定した後，環境の変化や住民の反応を確認し，住民コストの調整を行います。一つは知覚ベネフィットの向上です。政策・公共サービスを使用しやすい，住民の行動を促進するように調整します。もう一つは知覚コストの低減です。これにより，コスト成果比率向上の観点から住民価値を高めます。

◆住民コストインセンティブ計画

住民の状況や社会の変化から，設定した住民コストは調整する必要があります。コトラーは下記の4つの方向[3]をあげます。

① 金銭的インセンティブ：望ましい行動に伴うコストを引き下げることで活用を奨励する。例／地元購入の場合の割引券，地元就職への補助金，移住者への住宅提供や様々な税金軽減策

② 金銭的負のインセンティブ：望ましい行動と競合する行動のコストを増加させることで行動を制限する。例／たばこのポイ捨ての罰金，違法駐輪の高額返却費

③ 非金銭的インセンティブ：お金を使わないで，望ましい行動の知覚価値を

高めて，参加や行動を奨励する。例／事業協賛組織の表彰，優待免許，エコマークの明示，公共施設の寄付者の明記，広報誌への掲載

④非金銭的負のインセンティブ：お金を使わないで，競合する行動の知覚価値を減少させ「特定のあること」をしないように働きかける。例／違反組織名の公表，公共施設での迷惑行為の明示

◆住民コスト低減計画（右図参照）

　役所への通勤，庁内での執務環境維持，インターネットでの情報検索，資料の作成，政策の構想，会議の開催，住民との協働，出張，住民への説明，施設建設，公共サービスの提案など，行政活動すべてに固定費（主に施設費と人件費）と変動費（主に材料費と移動費）のコストが発生します。

　各部署と政策担当者は，毎日毎時間，コストが発生していることを意識して，「同じ予算（コスト）ならより大きな効果を生む努力」「同じ効果ならより少ない予算（コスト）で仕事をする」ことで，「最少のコストで最大の福祉」といった住民価値の最適化をめざします。

STEP①：A. 金銭的知覚コストを改善する

　A. 金銭的知覚コストの部分は，ムダの排除は当然として，知覚ベネフィットに対する知覚コストの成果比率の最適化をめざします。金銭的知覚コストである①建設コスト，②維持コスト，③職員コストは，政策成果向上の資源として，体系的なマーケティング・プロセスを適用し，コストの成果比率を高めます。

　コトラーは「マーケティングは住民の不満に対応し，住民の意識を変え，社会を変革することに役立つ。マーケティングを実践するには，しっかりした手順に則った計画が必要だ」[4]とします。政策形成へのマーケティング適用が，過不足のない政策・公共サービスの提供を可能にします。

STEP②：B. 非金銭的知覚コストを改善する

　④の移動などの金銭的知覚コストと⑤～⑧のB. 非金銭的知覚コストは，個別戦略での様々な工夫で最少化します。たとえば，「時間がとれない（⑤時間

的コスト)」「近隣に施設がない(④移動コスト,⑥身体的コスト)」については,協働流通の設計や拠点の運営方法の改善で対応します。「十分な説明が受けられない(⑦心理的コスト)」といったことには,対話コミュニケーション戦略で対応します。雰囲気が暗くて活力が感じられない(⑧感覚的コスト)については,内装や照明,職員の言動の改善で対応します。

　改善後の「改善で低減できた知覚コスト」は,①税金の削減部分は減税や新政策・公共ニーズの原資になります。また④から⑧までの知覚コストの低減は,政策・公共サービスの知覚価値の向上になり,住民の受容性が高まることから,より大きなマーケティング成果が期待できます。コストの活用と低減は,政策・公共サービスの知覚価値を高め,税金の効果的・効率的な活用になります。この積み重ねが行政と職員への支持になります。

住民コストとマーケティング・ミックス戦略

	住民コスト	
	A. 金銭的知覚コスト	B. 非金銭的知覚コスト

検討前: ①建設コスト ②維持コスト ③職員コスト ④移動コスト ⑤時間的コスト ⑥身体的コスト ⑦心理的コスト ⑧感覚的コスト

- ・政策力の向上によるコストの成果比率向上
- ・電子手続の促進
- ・駅前手続き
- ・市民バスの運行
- ・HPへの必要情報
- ・待ち時間の短縮
- ・バリアフリーの促進
- ・秘密厳守
- ・丁寧な対応
- ・清潔な内装
- ・什器の整備
- ・明るい会釈

コスト低減での知覚コストの検討・改善

検討後: ①建築コスト ②維持コスト ③職員コスト ④移動コスト ⑤時間的コスト ⑥身体的コスト ⑦心理的コスト ⑧感覚的コスト → 低減

税金の有効活用や非金銭的知覚コストの改善で構成された新住民コスト / 改善で低減された知覚コスト

知覚価値の向上

3 住民協働戦略の策定
MM-Collaboration

学習のポイント

　住民価値を開発して適切な住民コストを設定しても，それだけでは政策・公共サービスを住民に提案することはできません。庁舎の外で生活する住民と協働して価値を共創し，提案し，実施していく仕組みが必要になります。これを担うのが住民協働戦略です。

I. 住民協働戦略の基礎

協働における住民との共助・共創による価値実現

1. 住民協働とは

◆協働と流通の必要性

　行政マーケティングの本質は，社会問題を予防，または解決するために住民の行動を変えることです。これには2つのことが必要です。その1つは，行政だけでの政策・公共サービスの提案が限界になりつつある現在，行政が庁舎の外で生活する住民と連携し，住民ニーズの把握と協働（Collaboration）による住民参画が実現する「場」の確保です。

　もう1つは，住民が自己や社会の課題解決に参画し，行動を自発的かつ容易に変えられるように，政策と公共サービスを，地域内に適切に流通させる拠点とネットワークの充実です。コトラーは，「流通とは，対象住民がいつ，どこで，望ましい行動やキャンペーンに関係する有形財やサービスの入手を促進する」[1]とします。

◆住民協働の定義

協働マーケティングが不可欠になるマーケティング3.0の時代では，組織すべてが，提供物を単独で社会に提案できる存在ではなく，パートナーである顧客や住民，NPOと協働（Co-work）して価値を共助（Co-aid），共創（Co-creation）する存在になります。特に行政組織は，社会の困窮と疲弊が深刻化するにつれて，住民行動の変革に向けた，住民との「協働による共助と共創」の重要性が増大しています（上図参照）。

住民協働とは，「政策・公共サービスの価値実現を，住民との協働による共助と共創を通じて計画し，最適な住民価値として住民が必要とする生活の場に届ける」ことです。

住民協働（政策の実施段階）での共創と住民価値（政策の立案段階）での共創が連結することで，政策立案から実施過程までのあらゆる段階で，住民との協働による価値共創が実現します。

◆住民協働の役割

住民協働には3つの役割があります（上図参照）。

①**住民価値の最適利用**：行政と住民間の様々なギャップ（時間，場所，情報）を解消し，政策・公共サービスの住民生活での価値実現を担う。住民は政策・公共サービスの利用にも利便性を求め，必要な時に，必要な場所で，必要な政策・公共サービスが利用できることを期待している。

②**協働コストの最適化**：ギャップの解消にはコストが伴う。外部資源の活用で多様なニーズに対応できるコスト成果比率の高い住民協働を実現する。

③**協働と共助，共創の実現**：協働は住民と接する外の仕組みである。ここに住民の幅広い協働を求めることで，政策や公共サービスに，住民の経験価値に基づく共助と共創による価値の創造が可能になる。また協働により住民参画の促進と行政の体質改善も期待できる。

2. 住民協働の重要性

◆既存提供体制の限界克服

　住民と直結する住民協働が注目されています。その背景には，下記の社会の変化に対応できない既存の提案体制の限界と住民の変化があります。

①**能力面での限界**：行政の一方的な提案体制では，高齢化，多様化，個別化した住民ニーズに，有効な政策と公共サービスの提案ができない。

②**財政面での限界**：歳出増，歳入減から，「公共は行政単独ではなく，地域の様々な主体が共に支えていく共助」の方向が明確になり，住民価値の向上に貢献できる外部の仕組みである住民協働の重要性が増大している。

③**住民面での変化**：参画可能で有能・多様な行政以外の組織の誕生といった住民パワーの増大がある。

　行政は，能力面では，自己改革不足から前例的な発想から抜けきれず，変化に対応しきれなくなっています。財政面からは，社会需要に幅広く対応するといった量的対応が不可能になりつつあります。この能力，財政的な限界から，組織外の組織や住民の協働による共助と共創が不可欠になります。

◆住民協働における共助と共創の意義

　住民協働には，政策や公共サービスを適切に住民に届ける経路といった流通的な意義に加えて，相互に自立した関係の主体が協力して，協働による共助と共創を実践させる役割があります。それは，地域の課題を住民と行政，住民と住民が協働して担い合う社会の創造です。時代は，「自分たちの地域は，自分たちの手でつくる」といった自治意識の醸成とその発揮を求めています。高い定住意向と住民満足度を継続的に達成している行政は，早くから協働的な共助・共創による地域社会の構築を志向しています。

　この外部との共創は企業でも重要課題です。2006年に『ハーバード・ビジネス・レビュー』にポーターが，「共通価値の創造（CSV：Creating Shared Value）」といった論文を発表したことが下地にあります。先進的な企業では，マーケティングとは，「お客様と企業が事実を共有し，互いの強みを活かして価値を創り出すこと」と定義して，顧客→流通→企業といった顧客視点から，協働（Co-work）と共創（Co-creation）を実践しています。

◆住民協働における知覚コストの低減

　住民協働では，政策・公共サービスの価値実現の際に，住民コスト戦略で検討した下記のような住民コストが発生します。

　①公共サービスを探すための検索や行動に時間を費やす。
　②公共サービスを利用するために交通費などの費用を負担する。
　③公共サービスを利用できる施設などに出向く身体的な負担がある。
　④公共サービス利用時の対応や手続きに関する心理的な抵抗がある。
　⑤公共サービスを利用できる施設の威圧的な外観に嫌悪感を感じる。

　よって，住民価値の具現化である住民協働でも，コスト発生要因の最適化を徹底し，住民価値を高めます。情報検索（容易にシンプルに），開催日時（参加しやすい），施設の場所（近くに疲労感なく）やその外観（好印象に），人的な接触における対応（笑顔で手早く），手続き時間（短く）などで，住民協働の設計を通じた知覚コストの最適化をめざします。

II. 住民協働戦略の策定
政策コンセプトの具体化と住民協働戦略の構成

1. 住民協働戦略の分析と戦略内容

◆住民協働分析と課題の把握

G	行政マーケティング目標と方針	⇒	STP	細分化	対象設定	独自性
S	行政マーケティング戦略		C	政策・公共サービスのコンセプト		

分析項目

1. **住民協働目標・方針・戦略**
   ・住民協働目標・方針は明確か。
   ・住民協働への住民ニーズを把握しているか。
   ・住民協働は、住民の社会行動の実現に適合しているか。
   ・住民協働の共助、共創活動の成果は満足すべき水準か。
   ・住民協働は知覚コストを最小にしているか。
   ・職員の協働に関する認識と対応には問題はないか。
2. **住民協働構成**
   ・住民協働段階や幅といった仕組みは政策の特性に適合しているか。
   ・直接・間接協働比率はバランスしているか。
   ・住民協働が特定組織に集中しすぎていないか。
   ・特殊な住民協働を利用する根拠に合理性があるか。
   ・住民協働構成員に関する住民の評価は良好か。
   ・住民協働構成員への期待機能を明確にしているか。
   ・住民協働構成員の選定プロセスは明確か。
   ・住民協働構成員の経営や活動実態を把握しているか。
   ・競合と比較した場合の住民協働の有利な特徴は何か。
3. **住民協働展開**
   ・住民協働展開に関する目標・方針が明確になっているか。
   ・住民協働構成員の要望に対する対応は十分か。
   ・住民協働構成員から積極的な共助、共創的な提案があるか。
   ・住民協働に関する改善活動などを実施しているか。
   ・住民協働構成員間の課題に対する対応は適切か。
   ・住民協働構成員の評価は適切に行われているか。
   ・物流システムとうまく連動しているか。

課題と戦略策定

⇓

| 住民協働課題の抽出 |
| 住民協働目標・方針の設定 |
| 住民協働戦略の策定 |

5章　マーケティング展開編　行政マーケティング・ミックス戦略の策定

◆住民協働戦略の定義と構成

　住民協働戦略の策定では，住民協働分析を通じて設定した課題を，行政マーケティング目標・方針との関連から設定した住民協働目標と方針に基づいて，住民協働戦略を策定し対応します。

　住民協働戦略とは，「住民ニーズを的確に満たす形で政策・公共サービスを住民に届けその反応を確認し，同時に住民との協働による共助と共創を実現するために住民協働の仕組みを構築し，住民協働を長期的，総合的な観点から最適な協働のネットワークとして維持する」ものです。

　住民協働戦略は，住民協働構成戦略と住民協働展開戦略で構成します。住民協働構成戦略で，提案する政策・公共サービスに適した住民協働の仕組みを構築し，住民協働展開戦略でそれぞれの住民協働の役割を目標実現に向けて発揮します。住民協働の働きの多くは，協働者となる外部の資源が担うことから，そのニーズを把握した住民起点の取り組みが求められます。

2. 住民協働構成戦略とは

◆住民協働構成戦略の定義と構成

　住民協働構成戦略とは，「行政が政策・公共サービスの価値を実現するために，住民に政策・公共サービスを届けると共に，住民と共助・共創できる住民協働の設計と，それを担うパートナー（協働者）相互の有機的な組合せを実現する」ことです。

　住民ニーズと提案する政策・公共サービスの特性に適した住民協働の段階（直接か間接か），数（流通の種類），密度（一定範囲の中での数），パートナーの役割を考えて，住民が政策・公共サービスを，最適な内容と最少の知覚コストで認識や行動ができる住民協働の組合せを実現します（次ページの図参照）。

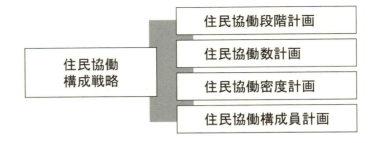

◆住民協働構成戦略の策定

下記の手順で価値の共創と実現の仕組みを構築します。

STEP①：住民ニーズを把握しサービス内容を決める

住民協働構成戦略の構築では，①対象住民のニーズ，②障壁や競合の状況，③提案する政策・公共サービスの特性，④自組織の方針や経営資源の内容，⑤協働の能力についての分析結果を活用して，協働流通サービス水準（場所，時間，協働内容，姿勢，雰囲気）と協働内容を決定します。

STEP②：住民協働構成の方向を決める

協働流通サービス水準を達成するための住民協働構成を検討します。住民協働構成には，上記の5つの項目に対応する3つの戦略方向があります。

(1) 開放的住民協働戦略

この戦略は，住民の政策・公共サービス活用接点を広く開放する戦略です。一般的な情報や活用頻度が高い簡単な手続きや相談（政策・公共サービス）は，便利な場所で短時間で済ませたいと考えるのが普通です（住民ニーズ）。例えば，広報誌（提供物）を庁舎までいって見る人は限られます。容易に入手できるように，新聞の折り込みや，駅，図書館，公民館などで入手できるようにします。自治会を通じての配布やHPにも掲載します（住民コストの軽減）。

提案接点が拡大することから，多くのパートナーが参加し共助・共創します。協働流通経路は多段階になり，協働と流通経路の数が増加します。地域内での提案拠点が増えて密度も高まります。全体の統合性を維持することが課題になります。

(2) 専属的住民協働戦略

開放的住民協働戦略とは反対の方向で，住民の活用接点を限定します。ニーズが発生した住民には必要ですが，一般的には活用頻度の少ない，対応に専門的な知識が必要な政策・公共サービスを提供する場合に採用します。5年毎の資格の更新，税務・行政相談，特殊な病院などが該当します。

協働流通経路の段階は少なく，数と密度も限定されることから，方針が浸透しマネジメントが行いやすくなります。協働と流通の安定性が保たれ，専門性の高い政策・公共サービスの提案が期待できます。特殊で専門的な公共サービスの提案を一定の範囲で任せることから，パートナーの選定と実施上での協働による共創体制構築が重要になります。

(3) 選択的住民協働戦略

これは上記二つの中間的な協働戦略です。住民の多様なニーズに応じた協働流通形態を選択し，住民コストが生じても，納得してもらえる住民協働を実現する戦略です。パートナーを選択する様々な基準を設け，それに該当するパートナーと協働して流通業務を担うことになります（下図参照）。

例えば図書館のケースでは，駅前の小型図書館は利便性を重視し，全体の蔵書数は押さえて新刊書中心にします。また図書の貸出受取を強化し，図書の無人貸し出し・返却サービスを提供し，書籍名を知られたくないといった心理的なコストを排除し利便性を高めます。住宅地の中型図書館は内容重視で，学習書や実用書を増やし，学習スペースも拡充し座席待ちの時間を最小にします。

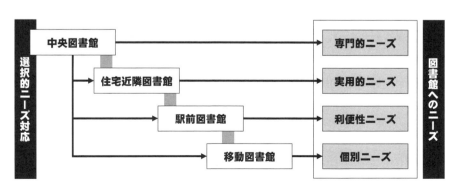

郊外にある大型の中央図書館は総合性と専門性を重視し，多様かつ専門的なニーズに応えます。多様な書籍を取り揃え，専門的資料・地域資料などの特殊な資料の収集・閲覧，図書コンサルティング機能の強化，図書指導員や図書ボランティアの研修なども行います。

こうして，各図書館の環境と活用住民の知覚ベネフィットへの対応，知覚コストの最適化を志向した住民協働を実現します。パートナーを住民ニーズに対応した一定の基準で選定し，選定したパートナーとの共助・共創による協働の効果と効率を実現します。

STEP③：住民協働の段階を決める（p.195の図参照）

上記での戦略的な方向に基づいて住民協働の仕組を構築します。住民協働の段階は，行政自身が直接行政サービスを提供する0段階協働と，パートナーと協働して提供する間接的な多段階協働に2分できます。住民との関係，経験や専門的組織の貢献，資金の効率性などに関する利点が0段階より上回れば，協働組織を活用した多段階協働を採用します。

①0段階協働：行政→住民
②1段階協働：行政→（1）民間団体・個人→住民
③1段階協働：行政→（1）公共団体→住民
④2段階協働：行政→（1）公共団体→（2）民間団体・個人→住民

0段階協働は，行政組織が住民に行政サービスを直接提案する住民協働段階計画です。行政施設での提案，訪問提案，HPからの提案です。この住民協働は，行政組織が住民に直接的に接することで，住民や社会の変化への迅速な対応，住民における成果の直接把握ができるといった利点があります。しかし行政自らが協働機能を担当することから，負担が大きくなる，住民接点が限定される，パートナーの能力が活用できないといったデメリットもあります。

0段階協働以外は，間接的な住民協働になります。パートナーと協働して政策・公共サービスの提案を行います。行政と住民との間にパートナーが増える毎に段階が増加し，住民協働は長くなります。住民活力を喚起できる，住民の

独自の能力を活用できる，協働による住民との共助と共創を促進できるといった利点があります。外部から多くの住民が参画することから，マネジメント力が必要になります。

STEP④：**住民協働の数と密度を決める**

次は住民協働の数と密度の設定です。開放型は，対象住民を広くカバーすることが目的ですから，協働の数が増え密度も高くなります。例えば，簡単な証明書を市役所の窓口，駅前の自動機，コンビニエンスストアでの情報機器からも入手できるようにします。住民の知覚コストを低減します。

専属型は，特定ニーズの住民を対象にして，特定のパートナーに一定の範囲において公共サービスの流通を任せ，その代わり専門的な公共サービスの提案を実現するものです。住民協働の数と密度は限定されます。

STEP⑤：**パートナーを選定する**

住民は，パートナーを行政と同じ政策・公共サービスの提案者とみなします。パートナーの巧拙は行政の責任になります。住民ニーズと提案する政策・公共サービスの意図に適した選定基準を公開して選定します。

3. 住民協働展開戦略とは

◆住民協働展開戦略の定義と構成

住民協働のパートナーは，外部の資源，つまり独立した個人，事業者です。社会で仕事に従事し生活する主体的な住民でもあります。さらに政策・公共サービスの受容者にもなります。よって協働は，まさに対等な関係で住民，事業者，行政がお互いの役割を理解し，共通の目的を持って地域社会づくりを進める戦略です。

この住民や事業者を，政策・公共サービス提案の有力なパートナーとして，密接な協働関係を構築・維持することは，協働による共助と共創を求められる行政マーケティングの重要な取組です。

住民協働展開戦略がこれを担当し，「住民協働構成戦略で構築された住民協

```
┌──────────┐  ┌──────────────┐
│ 住民協働  │──│ 住民協働促進計画 │
│ 展開戦略  │  ├──────────────┤
│          │  │ 住民協働適正計画 │
└──────────┘  └──────────────┘
```

働システムを,目標の設定,協働による共助と共創の実現と促進,パートナーの意欲喚起などの要因をマネジメントしながら,住民協働システムの活動を効果的,効率的に展開していく」ことです。住民協働促進計画と住民協働適正計画で構成します(上図参照)。

◆協働による共助と共創の実現

　行政マーケティングの本質は「社会を変える」ことにあります。しかしそれは行政単独では不可能なことです。地域社会で,住民と協働しなければできないことです。

(1) 住民ネットワークでの評価

　ソーシャルメディアの普及により,マーケティング3.0の時代では,行政組織の評価は内部の行政評価ではなく,組織の外の住民同士のコミュニケーションにおける評価で決まります。組織の外で評価されなければ,住民との協働は最小になります。この点からも,他との協働による共創が可能なネットワークの重要性が高まっています。

(2) 共助と共創の必要性

　既存の住民協働を展開する上での重要な課題は,個々のパートナーの評価を通じて,関係の強化,共助と共創の実現,改善の推進を実行することです。これには,住民協働を単なる政策・公共サービスの提案経路としただけでなく,共助と共創のシステムやコミュニティとして位置づけが必要です。

　行政は住民協働の支援者として,住民協働パートナーが共通の目的をもって努力できるような協調関係をつくり,それを後方からマネジメントします。協働が不可欠になった現在では,どのような住民協働が構築できるかは,価値実現の重要なポイントになります。

◆住民協働促進計画の内容
（1）住民協働促進計画とは
　住民協働促進計画とは，「住民協働パートナーと行政が，共通の目標を実現するために協働で課題解決に取り組み（Co-work），共助（Co-aid）と共創（Co-creation）による最適な政策・公共サービスの提案を可能にする」ことです。

　取り組むべき事項としては下記の項目があります。

【方向】住民協働ビジョンの策定
【役割】住民協働パートナーと行政の遂行すべき役割の明記
【住民】住民に提案する公共サービスに関する要求水準の明示
【価値】価値実現のための住民協働計画の策定
【活動】価値実現の共助と共創促進のための活動
【情報】協働情報の共有化
【評価】要求の達成状況の評価方法とフィードバック方法の策定
【改善】住民協働システム目標達成のための改善活動の実施

　計画の策定では，協働による共助と共創を促進するために，まずパートナーのニーズ，課題，強み・弱みを把握し，それを協働ビジョンに反映します。住民協働の目標を明確にし，対話とコミュニケーションを強化しながら，パートナーへの助言力や支援力を高め，目標を達成するための共助と共創における協働の仕組みを構築します。

（2）住民協働促進事業の編成
　地域内活動で，住民と行政がそれぞれ独自で行うよりは，お互いの特性や強みを活かして協働した方が，地域の課題をより有効に解決できるような場合に協働を考えます。

　各政策や公共サービスの目的や特性を考えて，後援・共催，情報提供・意見交換，実行委員会，アドプト制度，政策提言，補助・助成，委託といった協働形態を選択します（次ページの図参照）。

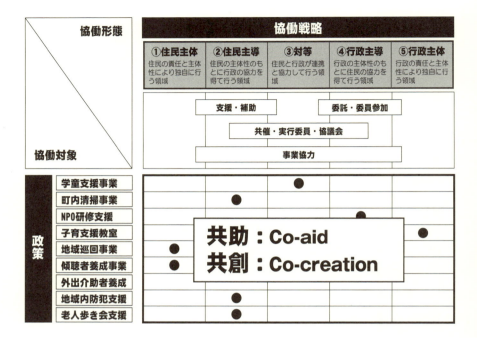

◆住民協働適正計画の内容

(1) 住民協働適正計画とは

住民協働適正計画とは，「行政とパートナーの関係，パートナー同士の関係を良好なものにし，行政とパートナーがお互いの特性を活かした協働で，政策・公共サービスの提案に共創的に貢献できるようにする」ことです。

協働に関しては，協働ビジョンの浸透不足，協働可能な事業の不明確さ，住民や各団体の活動基盤の脆弱さ，お互いのコミュニケーションの欠落，職員の認識と経験不足，縦割り組織の弊害などから，行政とパートナー，パートナー同士に様々な問題や衝突が発生します。

ある程度の問題発生は，協働の課題を顕在化させる役割もあり，秘密にすることではありません。問題を放置することなく，その原因を把握して具体的な解決策を策定・実施します。

(2) 住民協働適正計画の内容

①情報と交流環境の整備：協働活動での衝突の大きな原因の1つに，情報の共有と交流の不足がある。協働参加者が，地域の課題や取組に関する情報を共有できるようにする。また多様な主体が交流する場を確保し，協働のネットワークづくりに取り組む。

- 情報環境の整備：調査と発信機能の充実による住民・団体情報の収集・提供，行政協働情報の提供，成功事例の紹介。
- 交流環境の整備：地域課題の共有機会の確保。住民同士と団体同士の交流機会，住民と行政の交流機会の拡充。

②活動環境の整備：協働の進展には自立した団体の存在が必要である。活動基盤を充実するために，各団体への支援や制度づくりを行う。

- 活動基盤の整備：団体の作業や会議，展示などの活動拠点の確保。活動機材の提供，団体の事務所機能への支援，資金支援制度の整備，保険制度の整備。
- 協働人材の育成：協働人材の育成，リーダー人材育成，研修機会の提供
- 支援体制の整備：支援窓口の拡充，相談機能の強化，人材派遣相談

③推進体制の整備：協働を計画にそって拡充していくには，住民と行政が協力しあいながら活動を進めていける体制づくりが必要である。協働の必要性と職員の意識改革，それを具現化する協働の仕組み構築に取り組む。行政は外部の人たちを支援するマネジメントを修得する。

- 行政内の協働推進体制整備：協働マニュアルの整備，協働活動の評価制度，職員の意識改革向上とマネジメント能力の強化，庁内組織の整備
- 住民との協働推進体制整備：住民の協働計画への参画，協働推進委員会の設置，提案制度の整備，協働協定制度の整備，フォーラムの開催による啓蒙。

4 住民対話戦略の策定

MM-Communication

学習のポイント

　住民価値を創造し，住民コストを最適水準に設定し，住民と行政がそれを協働して利用できるようにした後は，それを住民に的確に知らせる必要があります。行政マーケティング・ミックス戦略の最後は，住民対話コミュニケーション戦略です。社会に役立つ大義は，住民と対話しながら全力で認識と行動，共助と共創を伝えます。

I. 住民対話コミュニケーション戦略の基礎

住民と対話し住民行動に働きかける

1. 住民対話コミュニケーションとは

◆住民対話コミュニケーションの定義と役割

　行政マーケティング・ミックス戦略は，住民価値戦略，住民コスト戦略，住民協働戦略，そしてここで学習する住民対話コミュニケーション戦略が統合的に実施されて，はじめて社会に貢献できるマーケティング戦略になります。

　住民対話コミュニケーションとは，「住民との情報交換と対話を重ねて，行政が提案する政策・公共サービスの認識や理解を深め，住民の社会行動の実行を支援する」ことです。

　コトラーはコミュニケーションを，「組織が提供する公共サービスについて住民に情報を発信し，説得し，想起させようとする手段」[1]「住民に行動する気を起こさせるように設計され，もたらされる，説得的コミュニケーション」[2]と定義します。

最新のマーケティング3.0では，ネット上の住民の会話（conversation）が住民の行動に大きな影響を与えるとします。

住民対話コミュニケーションには3つの役割があります。

① **対象住民の行動への動機付け**：住民対話コミュニケーションは，特定の政策・公共サービスが，障壁や競合よりも住民のニーズをより良く満たすことを伝え，住民が必要な時に認識，受容，行動へと動機づけを行う。

② **情報共有と共助，共創の実現**：住民対話コミュニケーションは，対象となる住民に，行政組織と提案する政策・公共サービスの特徴について共有すべき情報を提供し，協働による共助，共創活動を促進する。

③ **住民との信頼関係の構築**：住民対話コミュニケーションは，住民との情報交換と対話を通じて，「いかに暮らしどう生きていくか」に関する価値観を共有し信頼関係を構築する。

◆住民対話コミュニケーションの重要性

住民と行政を取り巻くコミュニケーション環境には，主要な変化が3つあります。1つは，Web時代到来の影響です。情報技術の革新により，身近な接触媒体を手にした住民は，行政との間に公共サービスに関する，利便性の高い有効な対話を要望しています。簡便で鮮度の高い双方向型の意思疎通が求められています。

2つめは，地域間，都市間の競争激化です。人口減少の深刻化は地域間競争を激化させ，交流人口の増加や企業の誘致に向けた，常に外部との対話が可能な「窓」が必要になります。双方向型のコミュニケーションルートで，国内外に向けた地域の魅力や行政の姿勢などの開示が求められています。

3つめが，住民の公共サービスに対する関心の高まりです。地域の停滞化傾向が顕著になると，住民は公共サービスのあり方に関心を持つようになります。住民の協働による共創なしでは意義のあることができない行政は，地域や行政の情報を公開し，政策の理解と協働を得ることが大切になります。多様なアクセスポイントを設けて，住民が意見や苦情を言いやすい対話環境を提供します。

2. 住民対話コミュニケーションの原則

◆住民反応モデル

　住民は，政策・公共サービスの認識・受容・行動を促進する対話コミュニケーションの働きかけを受けて，未知から行為までの心理過程を移行します（下図参照）。その心理過程は，伝統的なAIDMA（アイドマ）の法則とは別に，インターネットや口コミを意識したプロセスが加わった，AISCEAS（アイセアス）の法則が注目されています。

　住民は，広報などの働きかけにより，特定の政策・公共サービスに「注意」を向けて，「興味」があればインターネットで「検索」して，公共サービスの特徴や訴求点を理解します。さらに隣接自治体の情報にアクセスして同様のサービスと「比較」し，不明点はネットに投稿したり，受容・行動した人の評価を参考にして「検討」します。

　ネット上のこうした交流から，それを受容し行動して得られる価値が，それを入手するに必要なコストよりも高いと判断できれば，受容を決定します。受容し行動した後，その経験をネットに掲載して関係する人と「共有」します。このような住民の受容行動プロセスを理解した上で，それぞれのプロセスにおいて必要とされる対話コミュニケーション方法を考えます。

コミュニケーション・プロセスモデル

伝統的モデル	AIDMAの法則				
	Attention 注意	Interest 興味	Desire 欲求	Memory 記憶	Action 購入
	認知段階	情動段階			行動段階

SNS時代モデル	AISCEASの法則						
	Attention 注意	Interest 興味	Search 検索	Comparison 比較	Examination 検討	Action 購入	Share 共有
	認知段階	情動段階	行動段階				

◆住民普及の原則
　(1) 5つのセグメントの存在
　新政策・公共サービスが普及していく過程を参考にして対話コミュニケーションを考えます。新しいものの採用が速い度合を革新性として，これを基準に採用者を分類すると5つのセグメントができます（下図参照）。

　最初の①革新的採用者は「冒険的な人々（イノベーター）」で，外への関心が高く，イノベーションを積極的に採用し，周りの人に新しい視点を与えていく人です。次の②初期少数採用者は「尊敬される人々（オピニオン・リーダー）」で，革新的採用者の動きをみて採用を判断します。

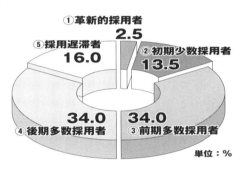

地域について関心が高く指導的な立場にあります。③前期多数採用者は「慎重な人々」で，新しい事柄には興味はあるが，初期少数採用者のアドバイスなどで採用を決めます。④後期多数採用者は「懐疑的な人々」で，イノベーションが市場に受け入れられた徴候が明確にならない限り採用しません。最後の⑤採用遅滞者は「伝統に固執する人々」で，変化を好まないことからイノベーションには常に遅れます。

　(2) オピニオン・リーダー（初期少数採用者）の活用
　オピニオン・リーダーは他の関係者への強い影響力があり，その人たちの意見や行動を変える役割を担います。担当者は，コミュニケーション活動を効果的，効率的に遂行するために，オピニオン・リーダーから他の住民へといった「2段階のコミュニケーション・ルート」を採用します。

　提案する行政サービス毎にオピニオン・リーダーを特定し，行政サービスに注意と興味をもってもらえるようにアプローチを行います。オピニオン・リーダーが納得すると，周辺の人々との個人的な対話を通じて，それらの人々の受容・行動決定に影響を及ぼします。成功すれば一気に普及します。

II. 住民対話コミュニケーション戦略の策定

政策コンセプトの具体化と住民対話戦略の構成

1. 住民対話コミュニケーション戦略の分析と戦略内容

◆住民対話コミュニケーション分析と課題の把握

| G | 行政マーケティング目標と方針 | → | STP | 細分化 | 対象設定 | 独自性 |
| S | 行政マーケティング戦略 | | C | 政策・公共サービスのコンセプト |

分析項目

1. **住民対話コミュニケーション目標・方針・戦略**
   ・住民対話コミュニケーション目標・方針は明確か。
   ・住民対話コミュニケーション戦略策定のプロセスはあるか。
   ・競合と比較した場合の住民対話コミュニケーション戦略の特徴はあるか。
   ・住民の心理過程に対応した取組みが行われているか。
   ・住民対話コミュニケーションの成果を把握しているか。
   ・住民対話コミュニケーションに関する住民満足を把握しているか。

2. **住民対話コミュニケーション構成**
   ・住民対話コミュニケーションの内容は明確になっているか。
   ・住民対話コミュニケーション対象は明確か。
   ・政策・公共サービスのコンセプトは的確に表現されているか。
   ・表現にユニークさがあるか。
   ・競合の表現と比較して優位性があるか。
   ・住民対話コミュニケーション構成は対話内容に適合しているか。
   ・広告計画は目標達成に対して適切な方法と内容か。
   ・販売促進計画は目標達成に対して適切な方法と内容か。
   ・住民接点計画は目標達成に対して適切な方法と内容か。
   ・パブリシティ計画は目標達成に対して適切な方法と内容か。
   ・ダイレクト計画は目標達成に対して適切な方法と内容か。

3. **住民対話コミュニケーション展開**
   ・政策ライフサイクル別の住民対話コミュニケーション計画は適切か。
   ・政策形成における住民との対話は十分に行われているか。
   ・オピニオン・リーダーを適切に活用しているか。
   ・政策の検討に必要な情報は住民と共有しているか。
   ・住民の依頼に対する回答ルールは決まっているか。

課題と戦略策定

| 住民対話課題の抽出 |
| 住民対話目標・方針の設定 |
| 住民対話戦略の策定 |

5章 **マーケティング展開編** 行政マーケティング・ミックス戦略の策定

◆住民対話コミュニケーション戦略の定義と構成

　住民対話コミュニケーション戦略の策定では，住民対話コミュニケーション分析を通じて設定した課題を，行政マーケティング目標・方針との関連から設定した住民対話コミュニケーション目標と方針に基づいて，住民対話コミュニケーション戦略を策定して対応します。

　住民対話コミュニケーション戦略とは，住民の心理過程，障壁と競合を意識しながら，「対象住民への政策・公共サービスの認知と活用，そして自発的な社会行動を促進する対話型コミュニケーションの仕組みを構築し，社会行動の実現と行政への好意，協働，信頼関係の醸成に貢献する」ことです。

　住民対話コミュニケーション戦略は，下記の住民対話コミュニケーション構成戦略と住民対話コミュニケーション展開戦略で構成します。住民対話コミュニケーション構成戦略で，提案する政策・公共サービスに適したコミュニケーション・ミックスを構成し，住民対話コミュニケーション展開戦略で，各コミュニケーションの役割を，変化に応じて目標実現に向けて調整します。

住民対話コミュニケーション戦略	住民対話コミュニケーション構成戦略
	住民対話コミュニケーション展開戦略

2. 住民対話コミュニケーション構成戦略とは

◆住民対話コミュニケーション構成戦略の定義と構成

　住民対話コミュニケーション構成戦略とは，「住民対話コミュニケーション目標を達成するために，住民の心理過程を参考にしながら，各対話コミュニケーション計画の特性を活かした，最適な対話コミュニケーション構成を編成する」ことです。広告計画，販売促進計画，住民接点計画，パブリシティ計画，ダイレクト計画で構成します（次ページ図参照）。

◆住民対話コミュニケーション構成戦略の策定

STEP①：住民対話コミュニケーション戦略方向の決定

　戦略方向は2つあります。その1つは，住民を政策・公共サービス側に引きつけるプル戦略です。住民に対して広告やパブリシティを中心とするコミュニケーション活動を実施して，政策・公共サービスの知名度や理解を高めます。これにより住民自らが政策・公共サービスを活用するように促し，政策・公共サービスの受容や行動を促進します。特徴や内容が理解しやすい場合や，政策・公共サービスがある程度知られている政策・公共サービスに適用します。

　他の1つは，政策・公共サービスを住民に向けて提案していくプッシュ戦略です。住民に対する職員やパートナーの対話により，職員→パートナー→住民へと政策・公共サービスを提案して，互いの理解を深めて受容や行動を促進します。説明が必要な場合や知名度の低い政策・公共サービスに適用します。

　実践では，戦略的な方向を決めた後，住民の変化に対応して両者を相互補完的に組み合わせて使用し，相乗効果を実現します。例えば，提案の最初の段階では，広告を中心としたプル戦略に重点をおいて，活用が具体化するにつれて

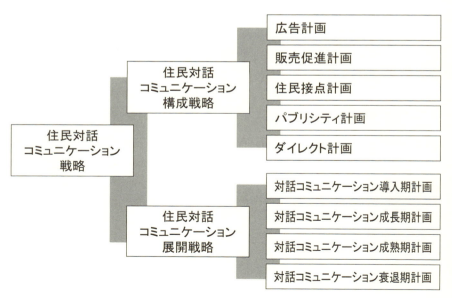

5章　マーケティング展開編　行政マーケティング・ミックス戦略の策定

職員やパートナーが介在するプッシュ戦略にウェイトを移します。

STEP②：住民行動心理過程を確認する

　住民対話コミュニケーション活動の有効性は，住民が注意から共有までのどの過程にいるかで異なります（p.210図参照）。注意や興味の過程では広告とパブリシティが，比較や検討の過程では対話が可能な人的要素が，決定する過程では人的要素と販売促進が効果を発揮します。

STEP③：住民対話コミュニケーション戦略を策定する

　住民対話コミュニケーションの設計では，「何を知らせ共有するのか，どのように伝えるのか，発信は誰か」という3つの要素を決定します[(3)]。

（1）メッセージ戦略（何を知らせ共有するのか）

　・何を知らせ共有するのか

　・何を信じてもらいたいか

　・何をしてもらいたいか

（2）クリエイティブ戦略（どのような表現で伝え共有するのか）

　アピールには下記のようなタイプがあります。表現は，簡潔，住民のベネフィットを重視，憶えやすい言葉を使用します。

　・課題解決型：住民の課題解決に貢献するメッセージを送り共有する。

　・政策訴求型：意義や効果性を中心にしたメッセージを送り共有する。

　・比較明示型：犠牲や競合と比較したメッセージを送り共有する。

　・推薦活用型：推奨人による推薦メッセージを送り共有する。

（3）メッセージの発信源戦略（誰が発信し共有するのか）

　普通は行政自身ですが，専門性，信頼性，好感度を基準に，他の人や組織も含めて検討します。

STEP④：住民対話コミュニケーション構成を決定する

　政策・公共サービスの策定後に，下記のコミュニケーション計画の適用を計画します。

（1）広告計画

　広告計画は，政策・公共サービスの諸特徴を，住民の社会生活にとって有効

であることをわかりやすく表現し、限られた時間内でより多くの住民に伝えられます。主要手段は、テレビ、ラジオ、新聞、雑誌、インターネット、YouTubeなどです。

(2) 販売促進計画

販売促進計画は、住民の政策・公共サービスの利用実現と内外関係者のコミュニケーション意欲と技術の向上を図り、政策・公共サービスの活用増大と行動実現を促進し、政策・公共サービスの価値を実現する活動です。主要手段は、チラシ、カタログ、ポスター、POP広告、ゆるキャラなどです。

(3) 住民接点計画

住民接点計画は、人を中心としたコミュニケーション活動です。対象を明確にした活動計画により、重点的に対象とコミュニケーションを行う活動です。主要手段は、口コミ、訪問説明、集会、講習会、相談所などです。

(4) パブリシティ計画

パブリシティ計画は、コミュニケーション内容が、公共性のある媒体にとってニュース性や情報としての価値がある場合に行われます。スポンサーによる料金の支払は行われない非人的な活動です。主要手段は、新聞、雑誌、書籍、研究資料、ニュース、広報情報などです。

(5) ダイレクト計画

ダイレクト計画は、特定の個人に対して何らかの反応を求めたり、何らかの対話を始めようとする意図を持ったコミュニケーションです。主要手段は、ダイレクトメール、テレマーケティング、カタログ、インターネットです。

STEP⑤：住民対話コミュニケーション手段を決定する

住民対話コミュニケーションを、住民との「合意形成」における対話と幅広い情報交流手段と考えると、その適用範囲は、政策課題の策定から執行までの政策形成プロセスのすべてに関与することになります（右図参照）[4]。

政策形成プロセスへの適切な対話コミュニケーション手段の適用は、①より適切な住民ニーズの把握、②住民参画による計画内容の創造性と納得性の向上、③実施面での協働確保が期待できます。目的に則した手段を選定します。

コミュニケーション手法の目的別分類

(●:主に用いる手法　○:状況に応じて用いる手法)

	プロセス	1) 準備 ・組織体制づくり ・プロセスの時間管理	2) 発議	3) 課題や目的の設定 4) 代替案の作成と評価 5) 推奨案の決定 6) コミュニケーションの継続		
	目的 コミュニケーション手法	状況把握	意見調査	参加促進	対話	情報提供 意見把握
情報を得る	キーパーソンインタビュー	●	○			
	関係者分析調査(利害関係者)	●	○			
	アンケート調査(一般市民)		●			
	インタビュー調査(利害関係者)	○	●		○	
	フォーカスグループ調査(世論の把握)	○	●			
情報を得る・提供する	説明会		○		●	○
	公聴会		○		●	○
	オープンハウス		○	○	○	●
	インフォメーションセンター		○	○	○	●
	委員会(検討会議、運営会議等)		○		●	
	ワークショップ(ブレーンストーミング、デザインゲーム等)				●	○
	タスクフォース				●	○
	ブリーフィング(利害関係団体、代表者への個別説明)				●	○
	メディエーション				●	
	FAX、ホットライン、コメントカード		○			●
情報を提供する	イベント(シンポジウム、見学会、学習会等)			●		○
	コーポレート・アイデンティティ(CI)形成			●		○
	メーリングリスト(配達物、電子メール等)			●	○	○
	広報資料(ニューズレター、パンフレット、広報紙等)			○		●
	ホームページ			○		●
	メディア(テレビ、ラジオ、新聞)			○		●

3. 住民対話コミュニケーション展開戦略とは

◆住民対話コミュニケーション展開戦略の定義と内容

　住民対話コミュニケーション展開戦略は,「住民対話コミュニケーション構成戦略で編成した各コミュニケーション計画を,住民の受容行動プロセスの変化にそって展開し,各コミュニケーション計画を最適の状態に維持して,住民

対話コミュニケーション目標を達成する」ことです。それぞれの過程の状況に応じたコミュニケーション計画の適用と手段の活用を考えます。

◆保健行動の変化ステージモデル

喫煙，肥満，運動不足，非行，検診の受診といった保健行動を対象とした行動変容のモデルがあります。人の行動が変わりそれを維持するには，5つのステージを経ると考えます（下図参照）[5]。

ポイントは，①対象者がどのステージにいるかを知ることで対象者の状況やニーズを把握すること，②対象者の状況にあわせた行動変容と維持を促すための働きかけの方法を考えることにあります。その方法には10個の有効なやり方があります。対象者が行動に移っていない段階では「考えへの働きかけ」の方法を，行動に移った段階では「行動への働きかけ」の方法を使用します。

変化のステージモデル

変化ステージ	無関心期	関心期	準備期	行動期	維持期
定義	6ヶ月以内に行動を変える気がない時期	6ヶ月以内に行動を変える気がある時期	1ヶ月以内に行動を変える気がある時期	行動を変えて6ヶ月以内の時期	行動を変えて6ヶ月以上の時期
心理	自分の健康に関心がない、合理化する	行動に前向きだが、実行にはいたらない	実行したい、きっかけか欲しい	定期的に行動している	継続的実施し効果がある
支援方針	行動変容に前向きになるように支援する	具体的な実行が取り組めるように支援する	背中を押す働きかけをする	実行できるように周囲から支援する	評価し継続に向けて周囲から支援する
内容	・意識の高揚 ・感情的経験 ・環境の再評価		・コミットメント ・自己の再評価	・行動置換 ・援助関係の利用 ・強化マネジメント ・刺激の統制	

「考えへの働きかけ」
- ●意識の高揚：いろいろな情報を提供して行動変容への意識を高めてもらう
- ●感情的経験：このままでは健康面でまずいと思ってもらう
- ●環境の再評価：自分の行動の周囲への影響を考えてもらう
- ●自己の再評価：行動変容した後の自分を思い描いてもらう
- ●社会的解放：健康的な生活に役立つ社会的環境の情報提供をする

「行動への働きかけ」
- ●コミットメント：行動変容への決意表明と自信を持ってもらう
- ●行動置換：不健康な行動を健康な行動に替えてもらう
- ●援助関係の利用：周りからのサポートを求めて利用してもらう
- ●強化マネジメント：うまく行動変容ができた場合の褒美を考えてもらう
- ●刺激の統制：健康によい環境を整えてもらう

◆住民動向と他のマーケティング戦略との関連

　住民対話コミュニケーション戦略は，行政マーケティング・ミックス戦略の最後の戦略です。住民の動向，それに対応する他のマーケティング戦略の展開と連携した形で住民対話コミュニケーション戦略を展開します。

　提案する政策・公共サービスの特徴，住民の受容行動プロセス，それに対応するコミュニケーション戦略の原則を活用しながら，マーケティング活動の全容を正しく伝える住民対話コミュニケーション戦略を策定し展開します（下図参照）。こうして行政マーケティング・ミックス戦略が完成します。

行政マーケティング戦略と住民対話戦略の関連

		導入期	成長期	成熟期	衰退期
住民動向	政策のライフサイクル				
	住民動向	受容はわずか / 革新的採用者 / 初期少数採用者	急速に拡大 / 前期多数採用者	ほぼ普及 / 後期多数採用者	価値消失 / 採用遅滞者
マーケティング戦略	政策計画の位置	計画	計画　計画	計画　計画　計画	計画
	基本戦略	—認知と価値形成—	—積極拡大—	—知覚価値の維持—	—損失の最小化—
	市場開拓	・目標市場の開拓	・目標市場の拡大	・未普及市場の開拓	・限定市場の存続
	住民価値の改良〜廃棄	・基本仕様の充実 ・初期改良の徹底	・種類の多様化 ・内容の再点検 ・競争優位性の確保	・改良と独自性の強調 ・付加機能の添付 ・後サービスの充実	・機能の整理 ・種類の削減 ・廃棄
	用途開発		・関連用途の提案	・新用途の提案	
	住民コスト	・知覚コストの改善	・コスト成果の向上	・知覚コストの削減 ・金銭的コスト節約	・適正コストの設定
	住民協働	・選択的協働流通 ・共創の積極化	・開放的協働流通 ・パートナー支援	・新協働流通の採用 ・住民接点の拡大	・協働の改善
コミュニケーション戦略	広告	・認知の拡大 ・コンセプト訴求	・認知の浸透 ・特徴の強調	・違いの強調 ・ブランドの訴求	
	販売促進	・必要性の強調	・利用の拡大	・利用の定着	
	住民接点	・理解の促進 ・情報の収集	・評価の獲得	・個別ニーズ対応 ・苦情対応	・新ニーズ把握
	パブリシティ	・情報提供	・利用情報公開	・成果の報告	
	ダイレクト	・口コミ	・利用の促進		

本書学習内容に基づいた行政マーケティング計画策定マニュアル

学習のポイント

ここまで，行政マーケティングの内容について学習してきました。ここではその学習内容を活用した，行政マーケティング計画書の作成手順とその内容を文例付きで明らかにします。

1. 行政におけるコトラーのマーケティング計画書

◆本書のプロセスと同じ組み立て

コトラーは，マーケティングを実践するには，体系的な計画が必要であるとして，複数の著書で，公共部門におけるマーケティング計画書のフレームワークを明記しています。

ここでは，そのフレームを活用して，住民や社会に貢献できる政策・公共サービスの計画を策定したいと考える公務員だれもが，そのことが可能になるように，計画策定の「手順」とそこでの「記述例」を明らかにしました。これに本書の内容を参照することで，予算要求書や政策形成で求められる「住民志向の政策・公共サービスマーケティング計画」を策定できます。

◆住民の課題解決に活用する

本マニュアルは下記の場面で活用します。
①新年度の予算編成で政策・施策・事業計画を策定する場合
②政策提案や政策研究で課題に関して企画や提案を策定する場合
③地域ブランドなどの個別政策案を策定する場合
④その他，住民起点で住民の課題を解決する計画を策定する場合

2. 行政のマーケティング計画書の概要

　福祉や地域振興などの「○○政策に関するマーケティング計画書」の策定方法を，STEP毎に【主旨】【内容】【文例】【参照ページ】の構成で紹介します。

Ⅰ 「前文」の策定方法と文例
　　STEP①：要約を記載する
Ⅱ 「内外の環境」の策定方法と文例
　　STEP②：【R】内外の環境分析について記載する
Ⅲ 「目的・目標・方針と行政マーケティング戦略」の策定方法と文例
　　STEP③：【G】行政マーケティング目的・目標・方針について記載する
　　STEP④：【3S】行政マーケティング戦略について記載する
Ⅳ 「STP-C」の策定方法と文例
　　STEP⑤：【T】ターゲットについて記載する
　　STEP⑥：【P】ポジショニングについて記載する
　　STEP⑦：【C】政策・公共サービスのコンセプトについて記載する
Ⅴ 「行政マーケティング・ミックス戦略（4C）」の策定方法と文例
　　STEP⑧：【MM】行政マーケティング・ミックス戦略を記載する
　　　　【Customer Value】住民価値戦略
　　　　【Customer Cost】住民コスト戦略
　　　　【Customer Collaboration】住民協働戦略
　　　　【Customer Communication】住民対話コミュニケーション戦略
Ⅵ 「行政マーケティング戦略の実施計画」の策定方法と文例
　　STEP⑨：モニタリングと評価計画について記載する
　　STEP⑩：予算について記載する
　　STEP⑪：実施計画について記載する
Ⅶ 資料について（省略）

3. 政策・公共サービスに関するマーケティング計画書の策定ステップと内容

I 「前文」の策定方法と文例

STEP①：要約を記載する

【主旨】計画書は，関係者が計画の主要内容を把握・評価できるように，計画の目的と内容の要約からスタートします。提出計画書がA4一枚の場合はこの要約を活用します。

【内容】本計画によって達成しようとしている行政マーケティング目的と目標・方針，戦略，ターゲット，望ましいポジショニング，独自性のある政策コンセプト，整合性のとれた行政マーケティング・ミックス戦略（4C），評価方法，予算案，実行計画の要点を記載します。本書で学習してきた行政マーケティング体系を活用します。この後に目次をつけます。

【文例】本計画の目的は，住民生活と地域の安定と発展のために（　　）を実現することにあり，目標は（　　），方針は（　　）とします。取組にあたっては（　　）の社会機会と（　　）である内部資源の強みを活かして（　　）戦略を採用します。対象住民を（　　）とし，（　　）といった独自性を活かした他より有益な（　　）とする政策・公共サービスのコンセプトで，住民の自助的活動を実現します。

政策・公共サービスコンセプトの具現化は，住民価値戦略では（　　）を重視し，住民コスト戦略では（　　）の軽減を計画し，住民協働戦略では（　　）との共創を進め，住民対話コミュニケーション戦略では（　　）による住民志向の対話を徹底し，住民の自助的行動である（　　）の実現を通じて，マーケティングの目的と目標を確実に達成します。

計画の評価は（　　）の体制で行い差異に迅速に対応します。予算は（　　）で計画期間は（　　）になります。

II 「内外の環境」の策定方法と文例

STEP②：内外の環境分析について記載する

【主旨】ここでは，この計画を立案するに至った背景と目的を記載します（目的が先でも可）。次に計画の策定で考慮した機会と脅威，強みと弱みを明らかにします。

【内容】ここからが本文になります。下記の事項を記載します。

①背景と目的：マクロ環境（PEST分析）からは高齢化や医療費の増加，ミクロ環境（4C分析）からは，例えば健康検診受診率の低下といった課題の背景を記載します。次に解決の根拠（エビデンス）や取組方向を明記し，最後に計画の目的と目標を記載します。

②競合の分析：対象とした住民が，望ましい行動をする際の障壁と競合の状況を記載します。

③機会・強み：SWOT分析で抽出した内容への対応方向を，機会と強みの活用を中心にして記載します。

【文例】経済や食生活の変化，（マクロ環境の記入：　）や（ミクロ環境の記入：　）に起因する脂肪の過剰摂取は，住民の重疾病による死亡原因の（　％）に関係しています。この課題に関する実証研究からは，残存脂肪を（解決の根拠記入：　）すれば，重疾病による死亡が，半減することが証明されています。

　最近の住民意識の変化から（機会の記入：　）といった機会があり，これに（強みの記入：　）といった独自の技術と協働的体制面での強みをさらに強化することで，（障壁と競合の記入：　）を克服する可能性が高まります。そこで本政策は（数値記入：　）を目標にして住民の（目的記入：　）を実現することを目的とします。

【参照】本書のp.82～110参照

Ⅲ 「目的・目標・方針と行政マーケティング戦略」の策定方法と文例

STEP③：行政マーケティング目的と目標・方針について記載する

【主旨】行政マーケティングの目的，対象者から引き出すことを意図した行動を明記します。目標と方針は後の評価の基準になります。

【内容】①目的：目的は，認識を変える，行為を変える，習慣を変える，価値観を変えるといった実現すべき「行動」を記載します。

②目標：目標は目的の達成度を測定するもので数値化します。背伸びすれば達成可能な目標値と達成期間を明記します。

③方針：マーケティング計画に対する重点指針を明らかにします。

【文例】目的：対象住民の低脂肪食品摂取行動と運動の保進による成人病予防

目標：住民の総カロリー摂取量に占める残存脂肪の現在の割合を，毎年○％ずつ減少させ，○○年までに○○％まで減少させます。

方針：計画の推進に当たっては下記の事項を遵守します。
・地域や住民の特徴を反映する。
・栄養学，医学，行動科学を活用した共創的展開を行う。
・既存事業の整理，優先度の検討を徹底する。

【参照】本書のp.114〜119参照

STEP④：行政マーケティング戦略について記載する

【主旨】目的・目標を達成するための方針に基づいた重点行動の方向を示す戦略的取組方向を明らかにします。

【内容】採用する戦略方向：知覚適合，競合適合，資源適合の観点からこの計画で採用する戦略を記載します。

【文例】環境変化からの（　　）と住民の（　　），内部の（　　）と協働関係の（　　），これに想定される障壁と競合の（　　）を考えて，（　　）を重視する（　　）戦略を採用します。

【参照】本書のp.120〜127参照

IV 「STP-C」の策定方法と文例

STEP⑤：**ターゲット（中心的な対象者，グループ）について記載する**

【主旨】ここはコトラーのSTP，セグメンテーション（Segmentation）→ターゲティング（Targeting）→ポジショニング（Positioning）を活用するプロセスです。その最初がセグメンテーションとターゲティングです。

【内容】①ターゲットの特徴：選定の理由と選定した市場（住民）の特徴を明らかにします。市場細分化指標に従って客観的に記載します。

②ターゲットの規模：所定年数の推計規模を記載します。

③ニーズとウォンツ：マーケティング計画の目的を達成するには，住民の顕在，潜在した主要ニーズとウォンツを明確に把握します。

④行動採用に影響を与える要因：ベネフィット，障害，競合など対象住民の意思決定に影響を与える要因を記載します。

【文例】①ターゲットの特徴：規模と深刻度から危機感が少ない不健康な食生活を送るサラリーマン層（30代から40代），一般企業に勤務，残業時間は月30～40時間，既婚で子どもは○○歳以下。飲み会では揚げ物とビールを好む。最近は胃がもたれる。肥満傾向と健康診断の結果は気になる。たまに野菜飲料を飲んで危機感を払拭。週末にはジョギングをするが続かない。

②ターゲットの規模：3カ年は○○人規模と推計する。

③ニーズとウォンツ：
　・現状の生活習慣では良くないとわかっている。
　・頭では理解していても，行動に結びつかない。
　・どういう行動をすればよいか明確にして欲しい。
　・家族には心配をかけていると時々感じる。

④行動変革に影響を与える要因
　・「やらされ感」があることから長続きしない。
　・医学的知識の不足

【参照】本書のp.128～137参照

STEP⑥：ポジショニングについて記載する

【主旨】提案する政策・公共サービスに対する住民からみた重要で魅力のある独自な側面を明らかにします。競争が前提になるこれからの社会情勢を考えると重要な部分です。

【内容】提案する内容が，より住民ニーズを反映し，かつ障壁や競合となる対象と比較しても優れていることを記載し受容や行動を促します。

【文例】生活習慣の改善には個人の行動変容が必要ですが，住民や地域特性を軽視する画一的な健康教育には限界があります。そこで既受講者や地元大学と協働して開発した「実績に基づいた運動と地元食材を取り入りた低脂肪食事プログラムで構成する実践型健康教育」を実施します。また健康学会優秀賞を獲得した地元大学のウェルネス行動科学室の協力を得て，無理のない自助活動を支援します。

【参照】本書のp.138〜143参照

STEP⑦：政策・公共サービスのコンセプトについて記載する

【主旨】対象住民に，提案する内容が課題解決の最適な政策であり，他の選択肢や提案より役立つことを理解し納得してもらい受容の決定を促します。

【内容】対象である住民にとって最適な行政サービスであることを明記します。知覚便益に関する説得力のある説明，行政サービスの認識や行動に際しての妥当な知覚コストであることが納得できる内容，障壁や競合と比較しても利点が多いことを明らかにします。STPで検討した内容を活用します。

【文例】私たちが住民に提案する肥満解消に関するプログラムは，最新の科学的な知見と既受講者の実施結果に基づいた「肥満解消の健康促進プログラム」です。これによる正しい運動・食事生活を実行することは，肥満解消に対する住民ニーズに応え，激しい運動や減量薬の利用よりも有効で副作用もない，健康について周囲を安心させることができる最適な方法です。

【参照】本書のp.144〜156参照

V 「行政マーケティング・ミックス戦略 (4C)」の策定方法と文例

STEP⑧：行政マーケティング・ミックス戦略を記載する

【主旨】政策・公共サービスのコンセプトは，マーケティング・ミックス戦略（4C：住民価値，住民コスト，住民協働，住民対話）で具体化します。マーケティング・ミックスに関する重点事項を明らかにします。

【内容】(1) 住民価値戦略：コンセプトはベネフィットの束です。物，サービス，イベント，人，場所，組織といった複数の要素で住民価値として具現化します。個々の政策・公共サービスの内容と，政策・公共サービス構成としての対応を記載します。

> ◉文例
> ①内容：政策・公共サービスの階層
>   受講者を基礎Gと継続Gにわけて効果性を高める。
>   ⅰ栄養指導と有酸素系の運動を組み合わせる。
>   ⅱ個別指導と集団指導を組み合わせる。
>   ⅲ対象予定者に向けの講演会開催（専門医の講演）
>   ⅳ事前にメディカルチェック
>   ⅴ開始時に成人病検査と体力測定
>   ⅵ募集人員○○名
>   1コース○回（週○回）　年間○コース（週末開催○回）
> ②構成：政策・公共サービス構成
>   ⅰ栄養プログラムの内容　　　　　　　　　—資料添付—
>   ⅱ運動プログラムの内容　　　　　　　　　—資料添付—
>   ⅲ継続動機付けプログラムの内容　　　　　—資料添付—
> ③技術：専門家の活用（医師，保健師，看護師，健康運動指導士，栄養士，トレーニング指導士，エアロビック指導員など）
> ④地域活性化／地域施設を紹介することで健康行動の定着化
>
> ◉参照：本書のp.160〜181参照

(2) 住民コスト戦略：金銭的コストの妥当性と時間的，身体的，心理的，感覚的といった非金銭的コストへの対応内容を記載します。

> ⦿文例
> ・参加費用は1人〇〇円（保険料など）と低廉にして，地元企業への広告協賛でコストを回収します。
> ・市内の3カ所で実施し，参加期間中は市営循環バス無料乗車券を配付し，アクセスコストを低減します。

⦿参照：本書のp.182 〜 193参照

(3) 住民協働戦略：協働流通と共創活動の内容を記載します。住民の状況，提供する行政サービスの特徴，関係者との協働を考慮した住民が便利に活用できる状況を明らかにします。

> ⦿文例
> ・住民に身近な健康づくり計画の継続性には，住民ニーズの反映と主体的参画が不可欠です。下記の体制で協働を促進します。地元大学には（　　），健康推進員には（　　），体育指導員には（　　），自治会には（　　），PTAには（　　），女性団体には（　　）を要請し協働を促進します。

⦿参照：本書のp.194 〜 207参照

(4) 住民対話コミュニケーション戦略：対話コミュニケーション内容を記載します。行政サービスの購入・活用・行動をしてもらえるコミュニケーション方法を明らかにします。

> ⦿文例
> ・広報やホームページ掲載，住民周知などで，広く住民等に周知し意見を求めます。
> ・販売促進は，駅前でのイベント（期間中3回），パンフレットの作成，健康相談窓口で実施します。
> ・パブリシティとしては，後期基本計画の重点プロジェクトで

あることを地元新聞社とミニコミ誌に知らせます。商工会議所や地元医師会の機関誌にも掲載依頼を行います。

◉参照：本書のp.208〜219参照

Ⅵ 「行政マーケティング戦略の実施計画」の策定方法

STEP⑨：モニタリングと評価計画について記載する

【主旨】モニタリングは中間測定です。評価は最終評価です。

【内容】①評価目的，②測定対象，③測定方法，④測定時期を記載します。
・アウトプット／実施した活動と費やした資源
・アウトカム／市民の認知，行為，行動，価値観の変化
・インパクト（波及効果）／参加機関の増収，健康な住民の増加

STEP⑩：予算について記載する

【主旨】マーケティング計画に関する費用や収入に関して明らかにします。

【内容】マーケティング各活動のコストを見積り，妥当な経営資源の配分であることを明記します。コスト単位当たりの成果や比較可能な事例の併記も有効です。

STEP⑪：実施計画について記載する

【主旨】実施計画により戦略計画が実行されます。実施する各事項の開始・終了時期を明確にして，変化への対応が具体的にできるようにします。

【内容】下記の事項を定めます。
・この戦略を遂行するためには何を行うのか
・だれが行うのか，いつ行うのか，いくらコストをかけるか
・不具合発生時の対応方法と責任者は誰か

Ⅶ 資料について（省略）

4. 行政マーケティング研修の紹介

◆行政の体系と事例で学習する公務員向けの行政マーケティング研修

公務員向けのマーケティング研修は、企業向けのマーケティング体系と事例を援用したものが多く、現場での使用にはやや課題があります。そこで行政向けの内容で開発したのが、本書の内容を下敷きにした、「公務員向けの行政マーケティング研修」です。研修内容（右図参照）は、講義で行政マーケティングの考え方と体系を学習し、演習でそれを使用することで、行政現場の業務にあわせたマーケティングを習得することができます。

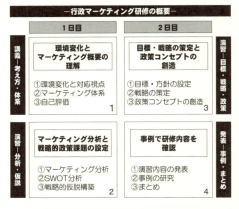

◆4つの特徴

4つの特徴があります。①講義：一方的なものではなく、受講生との対話を交えた交流型です。②テキスト：本書とサブ・テキストを使用し、研修後の職場での実践でも活用します。③演習：行政現場の重要課題である行政事例（地域振興のケース）を教材にして行います（上図参照）。④実例研究：マーケティング活用で成功した行政の実例で、研修内容と行政マーケティングの成果を確認します。

コトラーはマーケティングを、地域の資源を地域のニーズに適合させることとも表現します。地域経営を担う行政組織とそこで働く職員には、マーケティングの習得は不可欠です。ご活用下さい。

終章 マーケティング事例編

選ばれる街への道

M市の改革　難題を抱えていた行政のマイナスからの躍進

1. 行政経営（マネジメント）改革からマーケティング改革へ

　M市の行政経営（マネジメント）改革とマーケティング改革は，市長が事前に計画した内容以上に進みました。職員の言動が論理的になり，政策形成には戦略志向がみられ，成果を志向する経営的な発言が多くなりました。もちろん，抵抗もありました。組織は外からの刺激に対しては本能的に反発します。内向き特性の強い行政組織は特に過敏です。

　先に実施した行政経営改革への反発には，トップの率先したリーダーシップで対応しました。全庁改革を優先したこともそのひとつです。全庁の仕組や企画部，総務部，人事部の改革を先に進めることで，改革の意思と方向性を発信しました。同時に課長や中堅職員からの疑問には丁寧に対応しました。

　マーケティングの改革は，政策展開システムの構築との関連で進みました。各部署計画と職員が担う予算編成期の政策・施策・事業の策定にマーケティングの考え方と体系を適用しました。予算要求書の内容にマーケティング的な要素が加わりました。

　この2つの改革の成果は大きく，行政を市民からすると「信頼がもてる有能な市民への支援組織」として，職員からすると「やり甲斐のある仕事を提案する働く組織」になります。それは市民活力の喚起と結集を可能にし，街を変身させることになりました。

　行政改革推進委員会で改革の中間検討が行われました。市民傍聴席は満員です。現状の改革状況の報告の後，市民委員からの審議が始まりました。

マーケティング事例編　選ばれる街への道

2. 無名で借金の多いマイナスからの地方創生

質　問：【成果】最初に改革の成果をお知らせ下さい。

係　長： 当市では，最近の5年間で人口が1万1千人増加し，中心年代が，60代から30代にシフトしています。待機児童ゼロの達成，出生率増加，それに創業支援が実を結び働く場が増えています。さらに，最新の市の調査で，「行政を信頼している」と答えた市民が82.1％と，過去最高になりました。

質　問：【危機意識】改革前の庁舎内の危機意識はどのようなものでしたか。

課　長： 危機意識は十分ではありませんでした。当市には団塊世代の市民が多いことから，高齢化と人口減の進展は，財政破綻につながります。その破綻回避策は，自己改革ではなく，行政サービスの大幅な削減が有力な選択肢でした。経営に疎く市民志向のマーケティングを知らないと，このような縮減型の安易な対応策になります。

　　当時の当市の周辺には機会と脅威がありました。機会は5年後の「東西高速道路の開通」にあわせた都市開発事業による人口増加可能性の存在です。脅威は利便性向上による都市間競争の激化でした。求められていたことは，隣接や沿道，そして大都市の強力自治体との住民争奪戦に勝ち抜く戦略でした。しかし庁内には，それに挑む意欲も能力も手立てもありませんでした。

質　問：【市長の想い】そこで新市長さんが登場しますが，市長さんの当時の想いはどのようなものでしたか。

市　長：私は当市で生まれ育った市民として，当時の地域と市政のままでは，道路開通が市の競争力を奪い，人口流出が加速し地域の衰退を早めると感じていました。それが市長選に立候補した理由です。就任当時の

市の財政状況は悪化しており，「あれもこれも」と政策を打つゆとりはなく，優先順位をつけた政策に資源を集中して，成果をあげる必要がありました。

「行政改革推進委員会」での激論と答申を受けて，危機回避策を打ち出すと共に，市役所には協働型のマネジメント（経営）と共創型のマーケティングが不可欠と判断し，この2つの導入を決意しました。マネジメント改革の進展を確認して，マーケティングの導入を行いましたが，最初は手応えがありませんでした。原因は，政策形成の仕組みは構築したものの，職員のマーケティングに関する理解が不足していたことです。そこで，全職員にマーケティングの研修を実施し，マーケティングの必要性と内容の理解を深める努力を続けました。必要性と内容の理解が浸透するにつれ，市民目線で政策を考えて行動する職員が出てくるようになりました。

質　問：【改革の留意点】その改革で特に留意したことはありますか。

市　長：それは行政改革，つまり行政の自己改革です。これは，市民の協働を得る上で不可欠なことです。市民に協力を求める以上，市にはそれを納得させるだけの自己改革が必要になります。これなしでは，市役所の言うことに真実味が出てきません。「危機」と叫んでも「それがどうした」と言われて使命遂行の障害になります。改革でのリーダーシップは「範」が前提です。

自己改革の1つは「税金を活かす市政」の実現です。「増力」を目的とした組織改革に取り組み，市民ニーズ対応力の向上と政策へのマーケティング適用を行いました。予算要求書や予算査定にマーケティングの要素を取り入れました。職員が研修で学習したマーケティングを政策に適用し実践するようになり，この成果は大きく，税収増から市民税における人件費比率が57％から37％に下がりました。

もう1つは信頼関係の構築です。信頼形成には，多くの対話が必要と考え，市民が意見や苦情が言いやすいアクセスポイントを増やしま

マーケティング事例編 選ばれる街への道

した。そこでは，住みやすい街を作るという共通の目的を確認しながら，職員が市民の多様な意見に真摯に対応することで，信頼関係を築いて行きました。これが市民の参画意欲を喚起し，市民の協働（Co-work）による共助（Co-aid）共創（Co-creation）といったマーケティング3.0的な活動に結びつくことになりました。

3. M市の行政マーケティング戦略の進め方

質　問：【マーケティングへの取組】実際のマーケティング戦略はどのように取り組んだのですか。

主　査：環境分析／行政マーケティング戦略策定プロセスを活用しました。最初は市民と協働して行った環境分析です。地域のデータに基づいて，社会での機会と脅威，地域や組織の強みと弱みを把握しました。人口減少，競争激化といった脅威があるものの，良質な居住環境，読み聞かせによる教育の土壌，道路開発による利便性の高い生活環境に機会があることが把握できました。強みは，「ゆとりある住宅整備ができる土地」「街全体の緑の多さ」「古くからの港町として栄えた歴史がある」です。弱みは，「住民の高齢化の進展」「大企業や商業施設が少ない」「旧い行政体質がある」などです。

課　長：戦略的仮説／取り組むべき課題については，強みを徹底して活かすを基本方針にして，SWOT分析（上図参照）を活用してマーケティング構想を考えました。市民税が主体で高齢化が進展する当市で，持続可能な歳入構造を確立するためには，働く世代と次世代を増やすことが重要になります。

そこから，マーケティングの対象を，子育て世代に設定し，中心都市への利便性と良好な住環境，そこに万全の子育てと教育政策を組み合わせる戦略的仮説を構想しました。この対象住民を限定することについては，議会や市民からの反対もありました。

しかしマーケティングの原則を学習することで，中核となる対象を明確にすることが訴求力を高め，それが他の対象も魅了することを知り，そのセオリーに基づいて，以下のような行政マーケティング戦略と計画を考えました。それは「少子化：子育て支援」→「地域沈滞：独自の街づくり」→「人口減：子育て世帯流入」→「仕事減：小売り・サービス業の進出」といった流れでした。

4. M市の行政マーケティング戦略の内容

行政マーケティング戦略は下記のように策定しました。

STEP①：行政マーケティングの目的と目標・方針（Goal）

行政マーケティング目的は，「中心顧客は，夫婦で仕事を持つこどものいる世帯に設定し，限られた財源を関連政策に集中することで，子育て世代の市民誘致を図り，進行中の長寿社会のもと，財政的にも持続可能なまちづくりを進める」としました。目標は，市への人の流れをつくり人口減少に歯止めをかける。その後増加をめざす（目標値：〇〇人）としました。方針は①若い世代の結婚・出産・子育てのニーズに対応する，②地域と立地にあう独自の地域社会を創る，③地元に雇用を創出する，でした。

STEP②：対象住民（Targeting）

「共働き子育て世代」を主力対象住民として設定しました（右図参照）。この世代のニーズに対応するには，働き続けながら子育て・教育ができる環境の整備が重要になります。

STEP③:街のポジショニング(Positioning)

住民の流入促進には,競合する自治体との違いが必要になります。そこで,中心都市に近い割に落ち着いた街並みと緑が多いという,他にはない強みを活かして,「都会の洗練さと豊かな自然の両方を楽しめる」に,街のポジショニングを定めました。庁内向けには具体的な目標とする都市を設定し,実現すべきイメージを明確にしました。

STEP④:街のコンセプト(Concept)

以上の検討から,街のコンセプトは,「良質な街並みと緑が多いまち」とし,このブランド化をめざしました。

コンセプトの柱として,1.【住める】良質な住環境の整備,2.【育てられる】子育て・教育環境の充実,3.【楽しめる】洗練された商業環境の強化を掲げ,この実現に向けてマーケティング体制の強化による街のブランド化の推進を中心としたマーケティング戦略を策定し実行しました。

STEP⑤:行政マーケティング・ミックス戦略

対象とすべき住民と,そのニーズに対応する政策コンセプトが決まれば,それに基づいて住民価値,住民コスト,住民協働,住民対話で構成する行政マーケティング・ミックス戦略を策定します。

(1) 住民価値戦略(CustomerValue)

最初は,良質な住環境の整備です。開発で失われた緑を,住宅や商業施設の緑化で取り戻す地区計画による「みどり創生戦略」や,敷地面積等がある一定面積以下にならないよう要請する開発許可基準に関する条例の施行などの法整備を進めました。また,一定規模以上の住宅開発に,子育て支援施設の設置を依頼しています。

2番目は,子育て支援の強化です。待機児童ゼロを最優先課題として,許認可保育園の新設・増設に

より定員数を倍増しました。対象住民である共稼ぎ夫婦や母子・父子家庭には前提となる行政の重要政策です。

3番目は，教育環境の充実です。教育については，市内小中学全校に英語インストラクターの配置，放課後の学習支援活動の推進，スクールエンジェルス（学校安全推進員）の派遣，通学路での安全には，地域を熟知している地元のNPO法人に警備を委託するなどで，「共働き子育て世代」のニーズに対応しています。

(2) 住民コスト戦略（CustomerCost）

政策の立案・実施には資源（コスト）投入が必要ですが，大事なのは成果とコストの比率です。市では部制マネジメント強化によるPDCAの徹底と，予算編成や政策形成へのマーケティング適用，そして入札制度の変更などで，政策の成果をあげながら，投入する税金額を引き下げています。現在では，市民一人当たりの行政コストは全国でトップクラスの低さです。

(3) 住民協働戦略（CustomerCollaboration）

市長は就任以来，対話を通じて市民との協働や市民の知恵と力を活かす共助，共創の仕組みの構築に取り組んできました。現在では，考えられるすべての分野で，NPOや市民が協働して公益事業を担い，市民サービスの向上に大きな貢献をしています。市

民と行政の協働や市民団体同士の共創が進み，そこから旧い倉庫や古民家を改装した商業施設が建設され，雇用の創造と交流人口の増加に貢献しています。

(4) 住民対話コミュニケーション戦略（CustomerCommunication）

「子育て世代」に向けたコミュニケーションには，中心都市に通勤・在住する人を対象として，沿線の各駅に，「家族で住むならM市」「学ぶ子を全力で支えるM市」といった見出しの大型ポスターで，アピールしています。

 マーケティング事例編 選ばれる街への道

これらの活動を支えているのがマーケティング課です。その使命は，「共働き子育て世代を中心に人口を増やす」ことにあります。目標は，これまでの知名度アップから，「住みたい街」「憧れの街」への挑戦です。M市が良かったから選んで住んだ，と選び続けられる街になることです。

5. まとめ：M市改革成功の方法論とは

◆普通の職員と組織に成果をもたらす方法論
　無名で，大きな産業もない，有名な観光施設もない，財政破綻が予測された，マイナスから出発したM市の改革には，参考にすべきことが多くあります。その底流には，普通の職員と行政組織に成果をもたらす方法論であるマネジメントと，それを社会の成果に結びつける方法論であるマーケティングへの取組があります。
　市長は地域の再生と創生には，行政自らの改革と人と組織に成果をもたらす方法論の修得が不可欠である。予算や能力があっても方法論が稚拙では，成果は最少になる。マネジメントとマーケティングで行うべきことは，企業も行政も変わりないとします。
　M市での実績から，社会経済条件が劣位でも，マネジメント力で街は発展できるとします。そのマネジメントの実践機能が，市長が民間にあって行政にないものとするマーケティングです。M市は，そのマーケティングを「地域の資源と活力を，地域のニーズに適合する力」と定義し，市民と職員が協働して地域の資源を見つめ直し，掘り起こして耕し育て，人を呼び込める資源と活力に創生しました。誇るべき成果です。

◆成功の方法論は「マーケティングとマネジメント」
　マーケティングの父であるコトラーは，「あらゆる国で社会問題が発生し，住民や行政がそれを解決しようとしている。社会問題を解決するには，社会を変革することが必要である。マーケティングは計画された社会変革を推し進め

るための技法とその体系である」[1]とします。マネジメントの父であるドラッカーは，「公的組織の不振は人にあるのではない。方法論にある」[2]とします。M市の成功実例は，このことを証明しています。ここに行政組織が社会に貢献できる成果を産出できる「成功の方法論」があります。

マーケティングとは，限られた資源で最大の効果を得るための仕組みです。それは「最少のコストで最大の福祉を」といった自治法の主旨とも合致しています。マーケティングは，地域を構成する組織すべてと，そこで働く人すべてに必要な社会の創生に貢献する方法論です。マネジメントはその活躍を真摯で継続的なものにする方法論です。

行政組織で働く職員すべてが，マーケティングとマネジメントを修得しなければなりません。そこに住民の活力発揮を基盤とした，地方と日本の平和で健全な未来があります。

あとがき

　最後までお読みいただき，ありがとうございました。あなたやあなたの組織の課題解決に，多少なりとも貢献できたでしょうか。

　現在の地方と国は，社会の安定と発展，そして平和に貢献できる，明確な成果が求められています。この成果産出には，意欲，熱意，予算規模ではない，2つの具体的なエビデンス（根拠）が必要です。

　そのエビデンスの1つが，行政組織とそこで働く職員に成果をもたらすマネジメントです。その活用方法については，本書の姉妹書である『ドラッカーに学ぶ公務員のためのマネジメント教科書』で明らかにしました。

　2つめのエビデンスが，本書で展開したマーケティングです。ドラッカーは，人や組織の成果は，直接的にはマネジメントの基本機能であるマーケティングが担当するとしました。そのマーケティングを実践的なもにしたのがコトラーです。その体系は，世界のマーケティング実務家に大きな影響を与えています。

　しかし，現時点の行政現場では，マネジメントもマーケティングもその理解と活用が十分ではありません。これが，これまでの成果不足の最大の原因です。しかし数は少ないものの，本書で取りあげたM市のように，マーケティングで成功している自治体があることも事実です。本書の内容を，政策形成や業務で活用することで，あなたと所属する組織の飛躍的な成果向上が期待できます。住民・国民生活の向上のためにご活用下さい。

　最後に本書の完成には，多くの人たちの協力が必要でした。企画段階では，成果をあげている複数の首長さんのニーズをお聞きしました。原稿策定段階では，何人かの職員の方から意見を頂きました。表紙デザインは，コンサルティング先のお大勢の職員の方に評価してもらいました。それぞれに御礼申し上げます。書籍の刊行は，株式会社 同友館 出版部にお願いしました。

　また，つねに内発的なモチベーションの源泉である亡父母，妻智子，優，正志に，改めて感謝致します。

平成28年1月　淡路 富男

引用

はじめに
（1）ドラッカー著上田敦生訳『非営利組織の経営』ダイヤモンド社，p.83

1章

M市のマーケティング改革（1）創生模索
（1）コトラー著恩蔵直人監訳『コトラーのマーケティング3.0』朝日新聞出版，p.19を参考にする。
（2）コトラー，ロベルト著井関利明監訳『ソーシャル・マーケティング』ダイヤモンド社，p.27

必要
（1）コトラー著井関利明監訳『非営利組織のマーケティング戦略』第一法規，p.16
（2）コトラー，ナンシー・リー著スカイライトコンサルティング訳『社会が変わるマーケティング』英字出版，p.26
（3）コトラー著井関利明監訳『非営利組織のマーケティング戦略』第一法規，p.473

政策
（1）コトラー，ナンシー・リー著塚本一郎監訳『コトラーソーシャルマーケティング』丸善，p.70
（2）佐々木信夫編著『分権時代の自治体職員2政策開発―調査・立案・調整の能力』ぎょうせい，p.35
（3）コトラー，ナンシー・リー著スカイライトコンサルティング訳『社会が変わるマーケティング』英字出版，p.27
（4）コトラー，ナンシー・リー著スカイライトコンサルティング訳『社会が変わるマーケティング』英字出版，p.28
（5）コトラー&ケラー著恩蔵直人監訳『マーケティング・マネジメント』ピアソン・エデュケーション，p.6

達人
（1）この節は，コトラー著『マーケティングと共に』日本経済新聞出版社を参考にする。
（2）コトラー，ナンシー・リー著スカイライトコンサルティング訳『社会が変わるマーケティング』英字出版，p.27
（3）コトラー著恩蔵直人監訳『コトラーのマーケティング・コンセプト』東洋経済新報社，p.007

2章
M市のマーケティング改革（2）基礎構築
(1) コトラー，ロベルト著井関利明監訳『ソーシャル・マーケティング』ダイヤモンド社，はじめに
(2) コトラー著井関利明監訳『非営利組織のマーケティング戦略』第一法規，p.16
(3) コトラー著井関利明監訳『非営利組織のマーケティング戦略』第一法規，p.16
(4) コトラー著井関利明監訳『非営利組織のマーケティング戦略』第一法規，p.48

定義
(1) ドラッカー著上田惇生訳『マネジメント：上』ダイヤモンド社，p.78
(2) コトラー＆ケラー著恩蔵直人監訳『マーケティング・マネジメント』ピアソン・エデュケーション，p.6
(3) コトラー＆ケラー著恩蔵直人監訳『マーケティング・マネジメント』ピアソン・エデュケーション，p.7
(4) コトラー著木村達也監訳『コトラーのマーケティング講義』ダイヤモンド社，p.3
(5) コトラー著村田昭治監訳『マーケティング・マネジメント：7版』ブレジデント社，まえがき

定義
(1) コトラー著井関利明監訳『非営利組織のマーケティング戦略』第一法規，p.473
(2) コトラー，ロベルト著井関利明監訳『ソーシャル・マーケティング』ダイヤモンド社，はじめに
(3) コトラー，ロベルト著井関利明監訳『ソーシャル・マーケティング』ダイヤモンド社，p.5
(4) コトラー，ロベルト著井関利明監訳『ソーシャル・マーケティング』ダイヤモンド社，はじめに，p.27
(5) コトラー，ロベルト著井関利明監訳『ソーシャル・マーケティング』ダイヤモンド社，p.28
(6) コトラー，ナンシー・リー著塚本一郎監訳『コトラーソーシャルマーケティング』丸善，p.76
(7) コトラー著井関利明監訳『非営利組織のマーケティング戦略』第一法規，p.42

位置
(1) コトラー，アームストロング著和田充夫＋青井倫一訳『新版マーケティング原理』ダイヤモンド社，p.53を参考にする。

志向
(1) コトラー著井関利明監訳『非営利組織のマーケティング戦略』第一法規，p.52

(2) コトラー&ケラー著恩蔵直人監訳『マーケティング・マネジメント』ピアソン・エデュケーション, p.3～4

体系
(1) コトラー著恩蔵直人監訳『コトラーのマーケティング・コンセプト』東洋経済新報社, p.004

適用
(1) コトラー著井関利明監訳『非営利組織のマーケティング戦略』第一法規, p.53

組織
(1) コトラー著村田昭治監訳『マーケティング・マネジメント：7版』プレジデント社, p.576

3章

M市のマーケティング改革（3）課題把握
(1) コトラー, ハイダー, レイン著井関利明監訳『地域のマーケティング』東洋経済新報社, p.319～352を参考にする。

住民
(1) コトラー, ストロング著恩蔵直人監修『コトラーのマーケティング入門第4版』丸善出版, p.7
(2) コトラー, ストロング著恩蔵直人監修『コトラーのマーケティング入門第4版』丸善出版, p.7
(3) コトラー, アームストロング著和田充夫＋青井倫一訳『新版マーケティング原理』ダイヤモンド社, p.317

外部
(1) コトラー&ケラー著恩蔵直人監訳『マーケティング・マネジメント』ピアソン・エデュケーション, p.65
(2) コトラー&ケラー著恩蔵直人監訳『マーケティング・マネジメント』ピアソン・エデュケーション, p.67
(3) コトラー&ケラー著恩蔵直人監訳『マーケティング・マネジメント』ピアソン・エデュケーション, p.216～254を参考にする
(4) コトラー, ナンシー・リー著塚本一郎監訳『コトラーソーシャルマーケティング』丸善, p.228
(5) ジョアン・マグレッタ著櫻井祐子訳『マイケル・ポーターの競争戦略（エッセンシャル版）』早川書房第「2章5つの競争要因」を参考にする。

内部
(1) ジェイ・B・バーニー著塚本一郎監訳『企業戦略論（上）』丸善, p.228

(2) コトラー&ケラー著恩蔵直人監訳『マーケティング・マネジメント』ピアソン・エデュケーション，p.69を参考にする．

4章
M市のマーケティング改革（4）住民創造
(1) ジョアン・マグレッタ著櫻井祐子訳『マイケル・ポーターの競争戦略（エッセンシャル版）』早川書房，p.48

3S
(1) ジョアン・マグレッタ著櫻井祐子訳『マイケル・ポーターの競争戦略（エッセンシャル版）』早川書房，p.49
(2) トレーシとウィアセーマコトラー著大原進訳『NO.1企業の法則』日本経済新聞社「第8章カストマー・インテマシー企業の価値基準」参照
(3) ポーター著土岐坤，中辻萬治，服部照夫訳『競争戦略』ダイヤモンド社，p.63を参考にする．
(4) コトラー著『マーケティング・マネジメント第7版』プレジデント社「14競争的マーケティング戦略」を参考にする．

S
(1) コトラー，ナンシー・リー著塚本一郎監訳『コトラーソーシャルマーケティング』丸善，p.142
(2) コトラー，ロベルト著井関利明監訳『ソーシャル・マーケティング』ダイヤモンド社，はじめに，p.167
(3) コトラー著村田昭治監訳『マーケティング・マネジメント：7版』プレジデント社，p.227を参考にする．
(4) コトラー&ケラー著恩蔵直人監訳『マーケティング・マネジメント』ピアソン・エデュケーション，p.326を参考にする．

T
(1) コトラー著村田昭治監訳『マーケティング・マネジメント：7版』プレジデント社，p.233
(2) コトラー著村田昭治監訳『マーケティング・マネジメント：7版』プレジデント社，p.234を参考にする．
(3) コトラー&ケラー著恩蔵直人監訳『マーケティング・マネジメント』ピアソン・エデュケーション，p.327

P
(1) コトラー，ナンシー・リー著塚本一郎監訳『コトラーソーシャルマーケティング』丸善，p.254

(2) コトラー, ナンシー・リー著塚本一郎監訳『コトラーソーシャルマーケティング』丸善, p.227
(3) ジョアン・マグレッタ著櫻井祐子訳『マイケル・ポーターの競争戦略（エッセンシャル版）』早川書房, p.48
(4) コトラー, ナンシー・リー著塚本一郎監訳『コトラーソーシャルマーケティング』丸善, p.264

C
(1) コトラー著井関利明監訳『非営利組織のマーケティング戦略』第一法規, p.517を参考にする。
(2) コトラー著井関利明監訳『非営利組織のマーケティング戦略』第一法規, p.73
(3) コトラー＆ケラー著恩蔵直人監訳『マーケティング・マネジメント』ピアソン・エデュケーション, p.173～174を参考にする。
(4) コトラー, ナンシー・リー著塚本一郎監訳『コトラーソーシャルマーケティング』丸善, p.218, 223
(5) バーダック著白石賢司, 鍋島学, 南津和広訳『政策立案の技法』東洋経済新報社, p.172～181

5章

マーケティング・ミックス戦略の変遷と概要
(1) コトラー, ストロング著恩蔵直人監修『コトラーのマーケティング入門』丸善出版, p.59

住民価値戦略
(1) コトラー著井関利明監訳『非営利組織のマーケティング戦略』第一法規, p.445
(2) コトラー著井関利明監訳『非営利組織のマーケティング戦略』第一法規, p.446を参考にする。
(3) アーカー著阿久津聡訳『ブランド論』ダイヤモンド社, p.88～99を参考にする。
(4) コトラー＆ケラー著恩蔵直人監訳『マーケティング・マネジメント』ピアソン・エデュケーション, p.232
(5) コトラー, ナンシー・リー著塚本一郎監訳『コトラーソーシャルマーケティング』丸善, p.268
(6) コトラー, ナンシー・リー著塚本一郎監訳『コトラーソーシャルマーケティング』丸善, p.268
(7) コトラー, ナンシー・リー著塚本一郎監訳『コトラーソーシャルマーケティング』丸善, p.268
(8) コトラー＆ケラー著恩蔵直人監訳『マーケティング・マネジメント』ピアソン・

エデュケーション，p.501
(9) コトラー著井関利明監訳『非営利組織のマーケティング戦略』第一法規，p.508
(10) コトラー著井関利明監訳『非営利組織のマーケティング戦略』第一法規，p.509

住民コスト戦略
(1) コトラー&ケラー著恩蔵直人監訳『マーケティング・マネジメント』ピアソン・エデュケーション，p.173
(2) コトラー著井関利明監訳『非営利組織のマーケティング戦略』第一法規，p.550〜556
(3) コトラー，ナンシー・リー著スカイライトコンサルティング訳『社会が変わるマーケティング』英字出版，p.127
(4) コトラー，ナンシー・リー著スカイライトコンサルティング訳『社会が変わるマーケティング』英字出版，p.29

住民協働戦略
(1) コトラー，ナンシー・リー著塚本一郎監訳『コトラーソーシャルマーケティング』丸善，p.279

住民対話戦略
(1) コトラー&ケラー著恩蔵直人監訳『マーケティング・マネジメント』ピアソン・エデュケーション，p.664
(2) コトラー，ナンシー・リー著塚本一郎監訳『コトラーソーシャルマーケティング』丸善，p.283
(3) コトラー，ナンシー・リー著スカイライトコンサルティング訳『社会が変わるマーケティング』英字出版，p.203
(4) 国土技術政策総合研究所プロジェクト研究報告『社会資本整備における住民とのコミュニケーションに関するガイドブック』国土技術政策総合研究所，4-3
(5) 松本千明著『健康行動理論の基礎』医歯薬出版株式会社，p.29〜31

終章
(1) コトラー，ロベルト著井関利明監訳『ソーシャル・マーケティング』ダイヤモンド社，はじめに
(2) ドラッカー『エッセンシャル版／マネジメント』ダイヤモンド社，p.50を参考にする。

◉著者紹介

淡路富男 （あわじとみお）：行政経営総合研究所代表

【経歴】民間企業を勤務後，民間大手コンサルティング会社，㈶日本生産性本部主席経営コンサルタントを経て，現在は行政経営総合研究所の代表。各シンクタンクのコンサルティング，研修も担当する。

【専門】総合計画，行政経営，行政改革，行政マネジメント，自治体マーケティングに関するコンサルティング，研修，講演，執筆。

【活動】民間企業のコンサルティングと並行して，「行政経営導入プログラム」を開発し，地方自治体での行政経営改革コンサルティング，行政経営研修，戦略・論理思考研修，マネジメント研修，自治体マーケティング研修，講演，研究，執筆活動などで成果をあげている。

【役歴】各自治体での総合計画審議委員，行財政改革審議委員，行政改革推進委員，各自治体職員研修所での研修講師なども歴任。
中小企業診断士（経済産業省）。

【著書】『ドラッカーに学ぶ公務員のためのマネジメント教科書』（同友館）
『突破する職員：共著』（公職研）
『三鷹がひらく自治体の未来：共著』（ぎょうせい）
『自治体マーケティング戦略』（学陽書房）
『民間を超える行政経営』（ぎょうせい）
『首長と職員で進める行政経営改革』（ぎょうせい）
『実践マーケティング戦略』（同文舘）

【雑誌】『ガバナンス』『地方財務』（ぎょうせい）
『地方自治職員研修』（公職研）
『国際文化研修』（全国市町村国際文化研修所）

【連絡】E-Mail：awaji@jcom.home.ne.jp
URL：http：//members.jcom.home.ne.jp/igover/

2016年2月25日　第1刷発行

コトラーに学ぶ
公務員のためのマーケティング教科書

Ⓒ著　者　　淡路富男
発行者　　脇坂康弘

発行所　株式会社 同友館

☎ 113-0033 東京都文京区本郷 3-38-1
TEL.03 (3813) 3966
FAX.03 (3818) 2774
http://www.doyukan.co.jp/

落丁・乱丁本はお取り替えいたします。　　　三美印刷／松村製本所
ISBN 978-4-496-05186-9　　　　　　　　　　　Printed in Japan

本書の内容を無断で複写・複製（コピー），引用することは，
特定の場合を除き，著作者・出版者の権利侵害となります。